基于双规模视角的农业规模经营对农户收入的影响效应研究

尹冠球　著

中国农业出版社

北　京

图书在版编目（CIP）数据

基于双规模视角的农业规模经营对农户收入的影响效应研究 / 尹冠球著. —北京：中国农业出版社，2024.8

ISBN 978-7-109-32019-2

Ⅰ.①基… Ⅱ.①尹… Ⅲ.①农业经营－规模化经营－影响－农民收入－研究－中国 Ⅳ.①F324②F323.8

中国国家版本馆 CIP 数据核字（2024）第 110044 号

中国农业出版社出版

地址：北京市朝阳区麦子店街 18 号楼

邮编：100125

责任编辑：闫保荣 文字编辑：何 玮

版式设计：小荷博睿 责任校对：吴丽婷

印刷：北京中兴印刷有限公司

版次：2024 年 8 月第 1 版

印次：2024 年 8 月北京第 1 次印刷

发行：新华书店北京发行所

开本：700mm×1000mm 1/16

印张：12

字数：173 千字

定价：78.00 元

　　本研究得到辽宁省社会科学规划基金重点项目（编号：L22AGL016）、教育部人文社会科学研究项目（编号：23YJC790177）、中国博士后科学基金（编号：2021M693861）、辽宁省教育厅基础科学研究项目（编号：JYTQN2023314）的资助。

农业规模经营是现代农业发展的必由之路，对于优化土地资源配置、提高劳动生产率、促进农业技术推广应用、保障粮食安全、实现农业增效和农民增收具有重要意义。土地规模经营和服务规模经营是实现农业规模经营的两种方式。一直以来，土地规模经营是中国推进农业规模经营中的主流思想与政策导向。然而，实践绩效并不理想，单纯依靠"明晰农地产权→农地流转→农业规模经营→农业现代化"的逻辑推动中国的农业现代化并不现实。鉴于土地规模经营发展面临的困境，越来越多的学者开始深入探讨服务规模经营的合理性及其实现形式。服务规模经营不受人地关系和土地制度等强约束条件的制约，可以弥补中国土地流转市场动力不足的问题。土地规模经营和服务规模经营俨然已成为实现农业规模经营的"两大引擎"。那么，实现中国农业规模经营的路径是土地规模经营还是服务规模经营？弄清楚上述问题，需要辨明二者之间的关系，以及比较不同路径下的经济效益。

本研究旨在从微观和宏观两个层面辨析土地规模经营和服务规模经营的关系，重点分析农户双规模经营方式、农户双规模耦合协调程度对农户收入增长和收入分配的影响，探究影响区域双规模耦合协调发展水平的因素，针对如何加速推动我国农业规模经营发展提出对策建议。考虑到除了农户，农业企业也在通过租赁土地、供给农业生产性服务的方式积极参与到农业规模经营中，本研究还探讨了农业企业进行农业规模经营对农户收入的影响。研究主要包括以下几部分内容：第一部分，分析我国农业规模经营的现状及特点。梳理相关政策，将农业规模经营划分为不同的发展阶段，归纳各个阶段的发展特征。在此基础上，对我国农业规模经营的发展现状和特点进行描述性统计分析。第二部分，从微观农户角度，揭示土地规模经营和服务规模经营的关系，采用2021年辽宁省玉米和水稻种植的调查数据，评价农户双规模经营方式、双规模耦合协调程度对收入的影响效应。其中，在分析双规模经营方式的收入效应时，构建倾向得分匹配模型、多重处理效应模型重点测算和对比分析土地规模经营、服务规模经营以及双规模经营三种方式的处理效应差异；在分析双规模耦合协调程度与农户收入之间的关系时，构建广义倾向得分匹配模型，测算发挥促农增收效应的门槛值。第三部分，从宏观层面，辨析农地规模经营和服务规模经营的关系，并构建评价指标体系，采用省级面板数据，检验双规模的耦合关系，并分析影响双规模耦合协调发展的因素。第四部分，理论与实证相结合，分析农业企业租赁土地和供给服务对农户收入的影响。采用CLDS数据，构建PSM-DID等模型，从社会投资主体下乡政策、农户禀赋、市场环境等多角度探讨了农业企业进行农业规模经营对农户收入影响效果的异质性。

目录

CONTENTS

第五章 土地规模经营和服务规模经营耦合协调发展对农户收入的影响

第八章 结论与对策建议

绪　　论

一、选题背景和意义

 选题背景

　　农民收入问题是我国"三农"问题的核心，也是关系到脱贫攻坚成果巩固、共同富裕实现的关键。近年来，在一系列惠农强农政策的实施下，农户收入水平持续增长。2022年我国农村人均可支配收入达到20 133元，比2012年翻一番，增速连续13年高于城镇居民人均可支配收入增速。但随着我国经济下行压力加大，农民收入持续稳定增长的内在动力和后劲稍显不足（王小龙和何振，2018）。与此同时，城乡二元结构特征依然显著，农村地区内部的收入差距有持续扩大趋势。根据《中国住户年鉴》公布的农村居民可支配收入五等份分组数据，2019年高收入农户人均可支配收入是低收入农户的10.35倍，远高于2013年的7.41倍。如果经济增长的同时伴随着收入分配差距的扩大，则会使贫困群体从增长中获益少于非贫困群体，从而导致经济增长的减贫效应部分或全部地被增加的收入分配不平等所抵消（林毅夫，2004）。因此，如何在促进农民收入增长的同时，兼顾缩小收入差距问题亟待解决。

　　在我国人多地少的基本国情及土地制度的影响下，农业生产经营主要以家庭为单位，且呈现小规模、分散的特点。根据农业农村部2021年的数据，全国农村经营耕地 10 亩*以下的约有 2.1 亿农户，占 85.22%，农户户均经营规模只有 7.46 亩，这在世界上属于超小耕地规模。韩国户均耕地面积达 23.33 亩，是我国的 2.7 倍；日本农村户均耕地面积为 33.00 亩，是我国的 3.8 倍以上；美国乡村户均土地 2 695.21 亩，是我国的 313 倍；澳大利亚平均经营规模为 63 479.3 亩/户，是我国的 7 381 倍。如此狭小的户均农地经营规模，难以缩小城乡居民的收入差距。按目前的种粮成本和价格计算，每亩纯收入不过 800 元，耕地面积不足 8 亩的种植户年种粮收益不足 8 000 元。这也是我国目前城乡居民收入差距仍停留在改革开放初期的 2.5 倍左右的主要原因。同时，伴随中国城镇化的快速发展，在巨大的城乡工资差距诱惑下，大量农业富余劳动力从"过密化"的农业中释放出来，进入城市生活工作。农村青壮年劳动力的流失导致土地抛荒撂荒现象严重、农业劳动力供给呈现老龄化和女性化趋势，农业陷入生产要素匮乏和农业生产效率下降的窘境。农村留守劳动力维持传统经营方式已难以保证农户收入的持续增长（陈宏伟和穆月英，2019），农业经营方式转型迫在眉睫。

农业规模经营作为具备现代化特征的生产经营方式，在农业提质增效、农户增收等方面具有重要作用，是我国乡村振兴和"三农"工作的重要部署。马歇尔（2007）将规模经济按形成途径分为"内部规模经济"和"外部规模经济"，以此为逻辑线索，农业规模经营可以分为农地规模经营与服务规模经营两条路径：农地规模经营主要通过土地流转的方式，实现土地连片、集中，促进农业生产专业化，实现横向分工经济，获得"内部规模经济"。一直以来，它是中国推进农业规模经营的主流思想与政策导向。从 1984 年以后，我国开始允许土地在农户间进行转包，将土地向种地能手转移；2002 年的《农村土地承包法》第一次将土地流转政策上升为法律；2013 年，十八届三中全会更是提倡将土地转向种植大户、农民合作社、农业企业和家庭农场等新型农业经营组织手中，实现规模

---

* 亩为非法定计量单位，1 亩＝1/15 公顷。——编者注

经营的多样化和组织化。此后，一系列中央文件和相关政策不断强化土地流转，并对进行规模经营的农户提供一定的奖励支持。在此背景下，中国农村土地流转比例持续上升，2020 年土地流转面积 5.35 亿亩，流转比例为 34.06%。然而，土地流转的实践绩效差强人意。土地的不可移动、难以分割、产权地理垄断等特征（Federico，2005），加之中国特殊的人地关系决定了土地流转并非一个简单的要素市场（孔祥智和徐珍源，2010），也不是一个能够独立运作的产权市场（罗必良等，2012）。在我国农村，土地流转往往发生在亲戚、邻居等农户之间。由于单个农户的土地面积有限，如果想通过土地流转扩大土地的经营规模，就意味着要从多个农户手中转入土地，这必然伴随着较高的交易成本（Kung 和 Bai，2011），其高昂的内生交易成本，不仅会抑制农地规模的扩大，亦会使其分工深化受限。同时，伴随着经营规模的扩大，农户面临的经营风险也随之扩大，进一步抑制土地流转的推进。因此，近几年我国土地流转速度也出现了明显的下降趋势。而且，虽然我国土地的流转率不断提升，但是小规模生产格局并未被打破。2021 年，全国农地经营面积 10 亩以下的农户占 85.22%，10～30 亩的占 10.58%，30～50 亩的占 2.54%，50～100 亩的占 1.08%，100～200 亩的占 0.40%，200 亩以上的占 0.18%[①]。这意味着即使土地发生了流转，也主要是小农复制而已（罗必良，2014）。单纯依靠"明晰土地产权→土地流转→农业规模经营→农业现代化"的逻辑推动中国的农业现代化并不现实（杨成林，2015）。我国以小农为微观经济结构基础的局面仍会持续很长一段时间。

鉴于土地规模经营发展面临的困境，越来越多的学者开始深入探讨服务规模经营的合理性及其形式。服务规模经营强调通过农户经营权的产权细分及分工交易，一方面形成外包主体规模化的服务供给，另一方面将农户通过服务外包的形式卷入社会化分工，从而获得"外部规模经济"（罗必良，2014）。服务规模经营不受人地关系和土地制度等强约束条件的制

---

① 数据来源：《2021 年中国农村政策与改革统计年报》。

约（刘凤芹，2006；Ma，2022），可以弥补中国土地流转市场动力不足的问题（Xin 和 Li，2019）。小农户通过生产性服务采纳可以与现代农业有机衔接，实现生产机械化、集约化，提升生产技术效率，进而促进收入水平提高。2022 年，中国农业社会化服务组织数量为 104 万个，服务带动小农户 8 900 多万户①。

　　农地规模经营和服务规模经营俨然已成为实现农业规模经营的"两大引擎"。2017 年，中央 1 号文件提出加快发展土地流转型、服务驱动型等多种形式的规模经营，并提出了两种方式并行的政策策略。在农业政策的顶层设计上，农业现代化的战略思路正从"以土地流转为主要抓手"逐步向"以强化社会化服务为重点"的"多元化适度规模经营"方向转变。二者究竟是何种关系、我国推进农业规模经营应选什么路径及模式等问题有待进一步明确。显然，我们不能因土地流转过程中面临的制度性障碍就轻易否定土地流转的积极意义及可行性。同时，单纯追求土地经营规模或服务规模经营，极易对农业发展政策及制度设计产生误导，有必要明确二者的关系。多数文献论证了农业生产性服务对土地规模经营的促进作用（李颖明等，2015；姜松，2016），少数文献通过理论与案例分析表明二者相互促进、彼此影响，并提出中国的农业规模经营要走"土地＋服务"二元规模化道路（胡凌啸，2018；钟真等，2020）。此外，学者从不同角度对农业规模经营的方式进行了分类，并做了定性比较分析（李忠国，2005；杨国玉和郝秀英，2005；王志刚等，2011），但在视角和方法上存在局限。

　　土地规模经营或服务规模经营均可以提高农户收入，但单独作用时面临一定局限性。农户进行土地规模经营，有利于降低农业生产成本（Tan，2008；Sheng 等，2015），有利于家庭劳动力的充分利用，提高劳动生产率（Ito 等，2016；Zhang 等，2021），进而带来农户收入水平的提升（Deininger 和 Jin，2005；Dib 等，2018；Fei 等，2021）。然而，研究表明土地成本严重制约农民收入增长（Liu 等，2019），如果土地流转没

---

① 数据来源：人民日报。

有带来土地细碎化的缓解，可能会造成农业生产效率的严重损失（叶兴庆和翁凝，2018），土地流转对优化土地资源配置的作用有限（何欣等，2016），难以提高农民收入（廖洪乐，2003）。农户生产性服务外包能够降低成本（Machila 等，2015；Baiyegunhi 等，2019；Lyne 等，2018；Tang等，2018），技术密集型生产性服务采纳可以促进农业产量提高和生产效率改善（Emmanuel 等，2016；Verkaart 等，2017；Qing 等，2019），还可以为农户通过非农就业等渠道增加工资性收入创造空间（Benin，2015；Wang 等，2016；Takeshima，2017）。但生产性服务采纳带来的交易成本会挤压农户利润空间（Ji 等，2017）。因此，如何破解上述局限尤为重要。

在此背景下，本书试图回答以下问题：①对于农户而言，进行农业规模经营的方式是否只是土地规模经营或服务规模经营，现实中农户采取的双规模经营方式的形成逻辑是什么，是否会成为农业规模经营的第三种方式选择？不同的规模经营方式之间，经济效益有何差异，双规模经营方式是否可以发挥协同效应？②宏观层面上，我国发展农业规模经营的着力点已从土地规模经营转向服务规模经营，特别是 2017 年以来，农业生产性服务走向了新高度。那么，我国农地规模经营和服务规模经营的发展趋势如何？二者是否是耦合协调的发展关系呢？如果是，又该如何推动二者耦合协调发展呢？③"畅通城乡要素流动"，鼓励农业企业下乡，推动乡村全面振兴。很多农业企业活跃于农业生产过程中，通过租赁土地和供给服务的方式进行农业规模经营，这会给农户收入带来何种外部性？如若产生了负外部性，该如何解决？

（二）研究意义

为了回答上述问题，本书首先从微观农户视角分析农地规模经营和服务规模经营的关系，阐释农户双规模经营方式的形成机理，实证检验该方式对农户收入的影响，并与单一规模经营方式的增收效果进行对比分析。进一步分析双规模经营方式下，农地规模经营和服务规模经营不同耦合协调程度对农户收入的影响，测算增收效应的门槛值。其次，从宏观层面论证农地规模经营和服务规模经营的关系，并用面板固定效应模型分析影响二者耦合协调发展水平的因素。最后，聚焦租赁土地和供给服务方式的社会投资进乡村，探讨其会对农户收入带来正外部性影响还是负外部性影响。本书的研究内容具有重要的理论意义与现实意义。

理论意义体现在：①丰富了农户行为理论。农户的很多行为是关联性行为。目前学界分析了农户土地流转行为与服务外包行为之间的单向影响，然而什么理论适用于分析农户双向关联行为呢？一个农户家庭如同一个企业，可以看作是一个协同体，双规模经营是农户有效利用资源的一种方式，农户采用双规模经营方式是为了获得由其带来的收入协同效应。因此，本书采用多用于分析企业多元化经营、并购行为的协同理论来分析农户双规模经营的理论逻辑及经济效应，丰富了农户行为理论。②为协同效应检验提供方法论。协同效应可以表达为"1＋1＞2"或"2＋2＞5"的效果。因此，可以通过准实验的方法测算并对比协同前和协同后的效果，以识别是否存在协同效应。较常用的 PSM 构建的"反事实分析框架"可以达到准实验的效果，为协同效应的分析提供了方法论。但当处理变量是多值时，将面临多个倾向值的概率总和大于 1，致使其参数估计的精度较低的情况。鉴于此，本书将多重处理效应模型应用到协同效应的检验上。③丰富了相关研究。本书构建了同时分析两种规模经营的分析框架，并探讨了双规模经营方式以及双规模耦合协调程度对农户收入的影响效应和作用机制，丰富了农业规模经营方面的研究。从农户生产经营方式视角，探讨了农户收入增长和收入差距问题，丰富了收入增长和收入分配方面的研究。④扩展了农地规模经营和服务规模经营的评价指标体系。本书在揭示农地规模经营和服务规模经营内涵的基础上，从宏观和微观两个层面，构建了发展水平评价指标体系。⑤本书除了关注农户作为规模经营主体，其方式选择会对收入带来何种影响外，还探讨了租赁土地和供给服务方式的社会投资对农户收入的影响。在分析过程中，针对现有研究结论不一致的问题，本书从政策效果、研究方法、异质性分析等方面进行扩充，较深入、全面地对社会投资的促农增收效果进行分析，丰富了现有文献。

现实意义体现在：①有利于推动农户生产经营方式转型、农民增收、农村收入差距缩小，为相关部门政策优化提供依据。农村青壮年劳动力的流失导致土地抛荒撂荒现象严重，农村留守劳动力呈现老龄化和女性化趋势，"谁来种地，如何种地"成为亟须解决的现实问题。由于中国农业人口众多而耕地资源有限，导致农户的实际生产规模大多小于最优生产规模。很多留守农户受限于自身资本、劳动力、技术等禀赋约束，即使转入土地也难以达到最优经营面积，造成土地流转只是小农户的复制，扩大了农村内部收入差距的困局。农户的双规模经营方式可以提高农户收入，而且更有利于资本禀赋、劳动力禀赋低的农户提高农业收入，进而缩小农村收入差距。因此，双规模经营方式可为农业发展提供内生动力机制，有助于稳定农村的农业生产生活，突破"谁来种地，如何种地"的困境。②明确了农业规模经营的发展方向。农地规模经营和服务规模经营俨然已成为实现农业规模经营的"两大引擎"。在农业政策的顶层设计上，农业现代化的战略思路正从"以土地流转为主要抓手"逐步向"以强化社会化服务为重点"的方向转变。那么是否意味着服务规模经营是我国实现农业规模经营的主要方式呢？本书除了从微观农户行为决策角度进行了分析外，还从宏观层面揭示了二者之间的关系，并探讨了影响二者耦合协调发展水平的因素，针对如何推动二者耦合协调发展提出对策建议。③为进一步完善社会投资主体和农民之间的利益联结机制提供参考，有助于推动乡村全面振兴。党的二十大报告和2023年中央1号文件强调要"畅通城乡要素流动"，社会投资主体下乡可以解决农村资本要素短缺的问题，然而，社会投资主体和农民之间存在着不可避免的利益冲突。本书从社会投资主体下乡政策、社会投资主体下乡方式、农户禀赋、市场环境等多角度探讨了社会投资对农户收入影响效果的异质性，在此基础上，提出完善社会投资与农民之间的利益联结机制的对策建议。

二、主要内容和方法

（一）主要内容

农业规模经营是世界农业共同的发展趋势。农地规模经营和服务规模经营是实现农业规模经营的两种方式。首先，本书从微观农户视角，分析了农户农地规模经营和服务规模经营的关系，并检验双规模经营方式和双规模耦合协调程度对农户收入的影响效应，针对如何促进农户农业经营方式转型提出对策与建议；其次，从宏观视角，再次检验农地规模经营和服务规模经营的关系，并识别影响二者耦合协调发展的因素，提出促进区域双规模协调发展的对策建议；最后，从农户收入角度，分析社会投资主体下乡的外部性问题，主要探讨其以租赁土地和服务供给方式对农户收入的影响，并针对如何促进其正外部性的发挥提出对策建议。具体地，本书分为八章：

第一章，绪论。本章统领全文，在深入剖析农业规模经营的现实背景、政策背景以及文献背景的基础上，提出本书的研究问题，即厘清农地规模经营和服务规模经营的关系及其经济效果的重要性，从而凝练本书的研究意义。同时，介绍本书的研究内容，明确主要研究方法和创新点。

第二章，文献综述与理论基础。结合研究主题，本章介绍国内外关于农地规模经营和服务规模经营的关系及其对农户收入影响的相关研究。主要分为五部分：综述农地规模经营的相关研究、服务规模经营相关的研究、农地规模经营与服务规模经营之间关系的相关研究、农地规模经营与服务规模经营协同对农户收入影响的相关研究、社会投资对农户收入影响的相关研究。在本章的最后，介绍与本书分析相关的理论基础，如规模经济理论、分工理论、协同效应理论、交易费用理论、农户行为理论等。

第三章，农业规模经营发展现状。本章主要对农业规模经营发展的现状和特征进行分析。首先，梳理我国土地流转和农业生产性服务政策的演变。根据土地流转的政策文件，将我国的土地流转分成禁止、限制性放开、全面放开、规范发展以及深化改革五个发展阶段。根据农业生产性服务相关的政策文件，将我国农业生产性服务发展分为内涵探索、体系构建、体系完善和革新三个阶段。其次，利用宏观数据，分析我国农地规模经营和服务规模经营的发展现状和特点。土地规模经营方面，分析土地流转的面积、方式、对象、市场以及需要警惕的动向。在分析服务规模经营发展现状时，聚焦农业机械化的水平、类型、跨区作业情况，农机社会化服务主体发育，农业生产托管服务等方面的分析。最后，利用调查数据，揭示调查区域农户农地规模经营、服务规模经营以及双规模经营的特点。

第四章，农户双规模经营的收入协同效应分析。本章结合协同效应、分工经济等相关理论，构建农户双规模经营对其收入影响分析的理论框架，提出研究假说。采用 2021 年 6 月至 12 月在辽宁省 4 个城市 64 个村庄获得的 1 076 份玉米和水稻种植户的调查数据，构建倾向得分匹配模型（PSM）、分位数处理效应（QTE）实证分析双规模经营对农户收入的影响效应，并进一步探讨这一影响效应的异质性和作用机制。

第五章，土地规模经营和服务规模经营耦合协调经营对农户收入的影响。结合物理学中的耦合理论，揭示农户农地规模经营和服务规模经营耦合及其对农户收入影响的机理，并以 2021 年 11 月和 12 月对辽宁省玉米和水稻种植户的调查数据，构建广义倾向得分模型（GPSM），在实证检验对收入的影响程度和方向的同时，测算了耦合经营促农增收的门槛值，且通过更换样本对结果做了稳健性检验。

第六章，农地规模经营和服务规模经营耦合协调发展的时空特征及其影响因素。本章基于宏观视角，从核心要素互补、市场互动、主体互融三方面阐释农地规模经营和服务规模经营的耦合机理，并采用 2009—2018 年我国 30 个省份的面板数据，构建指标体系测度土地规模经营和服务规模经营发展水平，量化分析二者的耦合及耦合协调水平的时空特征，并构建面板固定效应模型探究影响二者耦合协调发展的因素。

第七章，租赁土地和供给服务方式的社会投资对农户收入的影响。社会投资主体和农民之间存在着不可避免的利益冲突，如果不能将二者的利益有效联结，就会偏离国家和政府顶层设计的轨道。本章从收入增长和收入分配两方面，利用 CLDS2014、2016 和 2018 三年数据，构建双重差分模型（DID），实证检验租赁土地和提供社会化服务两种方式的社会投资的收入影响效应。

第八章，结论与对策建议。总结并回顾全文，提出相关政策建议。

研究方法

1. 倾向得分匹配模型

倾向得分匹配模型简称 PSM。该模型是一种统计学方法，用于处理观察研究的数据。在观察研究中，由于种种原因，数据偏差和混杂变量较多，倾向得分匹配的方法正是为了减少这些偏差和混杂变量的影响，以便对实验组和对照组进行更合理的比较。这种方法最早由 Paul Rosenbaum 和 Donald Rubin 在 1983 年提出，一般用于医学、公共卫生、经济学等领域。农户是否参与双规模经营是其基于预期收益分析的自选择，存在一些因素同时影响着农户的双规模经营决策与收入状况，比如村级耕地面积、教育覆盖度、村集体耕地调整等因素的影响。这意味着，能否准确识别双规模协同对农户收入的影响，关键要解决由样本"自选择"带来的内生性问题。PSM 通过匹配再抽样的方法使观测数据尽可能接近随机试验数据，最大程度减少观测数据的偏差，从而能有效地解决由样本"自选择"造成的有偏估计问题。因此，本书采用 PSM 模型估算双规模协同对农户家庭总收入影响的平均处理效应，有效纠正 OLS 估计存在的偏差。

2. 多重处理效应模型

PSM 模型的处理变量的取值为二值变量，无法测算处理变量为多值变量的平均处理效应。而多重处理效应模型可以弥补这点不足。多重处理效应模型通过 Mlogit 模型估计多值处理变量的各个倾向值，并将其倒数作为抽样权重对样本选择问题进行修正。当比较土地规模经营、服务规模经营和双规模经营方式对农户收入影响程度时，先采用 Imbens（2000）提出的组间比较处理多分类处理变量。此时，面临多个倾向值的概率总和大于 1，并且其参数估计的精度较低。因此，采用多重处理效应模型对结果进行稳健性检验。

3. 分位数处理效应模型

分位数处理效应模型简称 QTE。虽然平均处理效应在衡量政策干预的因果效应方面非常重要，但它并不能反映政策干预对目标变量分布影响的全貌。比如，当施行一项政策后，均值处理效应并不能衡量结果变量分布的方差是否发生了改变，均值处理效应也不能反映政策干预对目标变量分布的影响，包括在不同分位点的异质性影响。事实上，有关目标变量分布方面的信息在许多应用中是非常重要的。Lehmann（1975）、Doksum（1974）引入的分位数处理效应可作为一种直观且有效的工具来分析分布效应。在本书的研究中，我们想知道双规模经营对于不同收入水平农户的异质性影响，尤其是对收入分布下尾端的干预效应，此时就需要采用分位数处理效应来测算分布效应。同时，我们更关注无论个体基本特征、家庭特征与外部环境如何，双规模经营方式对于整体家庭收入分布的无条件影响。因此本书构建无条件分位数的处理效应模型，并采用 RQR 来进行估计。

4. 广义倾向得分匹配模型

广义倾向得分匹配模型简称 GPSM。该模型的基本原理与 PSM 相似，构建"反事实"分析，可以克服依据可测变量的选择性偏误。但相比 PSM 模型只能用来检验 0－1 型处理变量的处理效应，GPSM 能对多元变量或者连续型变量进行处理效应评估。本书采用该模型分析土地规模经营和服务规模经营耦合程度对农户收入的影响效应。

5. 固定效应模型

面板数据是二维数据，它既包含同一观测个体随时间的变化，也包含同一时间不同个体之间的差异。这可以扩大样本的信息量和样本容量，有助于提高参数估计的精度和检验结论的可靠性。随机效应模型、固定效应模型是主要的面板线性回归模型。随机效应模型将遗漏的个体特征变量考虑到随机误差项中，这是一个很强的假设，一般不成立。而固定效应模型认为个体特征变量属于解释变量，即固定效应模型中的解释变量可以与个体特征变量相关，但是随机效应中不能。本书在分析影响农地规模经营和服务规模经营耦合协调发展的影响因素时使用是的面板数据，因此，本书采用固定效应模型分析耦合协调发展的影响因素。

6. 双重差分模型

双重差分模型简称 DID。在计量经济学研究中，双重差分法多用于公共政策或项目实施效果评估。其作用原理与自然实验相类似，将某项政策的实施看作是一项自然实验，通过在样本中加入一组未受政策影响的控制组，与原本受政策影响的样本组构成实验组进行比较分析，考察政策实施对分析对象造成的净影响。使用双重差分法进行政策效应评估，样本数据需要满足三个假设，分别是线性关系假设、个体处理稳定性假设、平行趋势假设。本书在分析社会投资对农户收入的影响的时候，采用了 DID 模型。

三、数据来源

本书分析所用数据包括宏观数据和微观调查数据两部分。

（一）宏观数据

在第三章我国农地规模经营和服务规模经营的现状分析部分，使用的宏观数据主要来源于《中国农村统计年鉴》《中国农业机械工业年鉴》《中国农村经营管理统计年报》等。在第六章的实证分析部分，使用的数据主要来源于《中国统计年鉴》《中国农村经营管理统计年报》《中国农村统计年鉴》《中国农业机械工业年鉴》《中国农业年鉴》《中国金融年鉴》《中国保险年鉴》和中国商务部贸易司等相关统计年鉴（公报、资料）以及国家统计局网站等相关网站的数据。

（二）微观调查数据

1. 课题组调查数据

本书选取我国辽宁省作为调查区域。东北地区拥有世界三大黑土带之一的东北平原，是中国最重要的商品粮生产基地，被誉为"东北粮仓"。辽宁省位于东北地区的南部，耕地面积 409.29 万公顷，是中国的农业大省，也是全国 13 个粮食主产省之一。然而，在农业生产机会成本上升、投入要素价格快速上涨的背景下，农业生产利润遭到严重挤压，导致不少地区耕地抛荒和非农化，对粮食安全造成潜在威胁。辽宁省大体是"六山一水三分田"的地形概貌，土地细化程度高，人均占有耕地约 0.096 公顷，进行农业规模化经营是实现农业现代化的必由之路。近年来，在相关政策的推动下，辽宁省农地规模经营和服务规模经营快速发展。2020 年辽宁省土地流转面积为 0.17 亿亩，流转比例达 31.48%[①]。全省从事农业生产托管的组织有 1.4 万个，服务小农户达到 149.3 万户，服务面积累计达到 5 941.2 万亩，分别比上年增长了 26.3%、23.7%、29%[②]。综上，本书在研究规模经营的促农增收效果时，选取辽宁省作为调查区域具有一定的代表性。此外，本书选择玉米和水稻作为研究对象，主要是考虑到玉米和水稻是辽宁省主要粮食作物之一，其次是因为玉米和水稻的不同生产环节成熟可分且相似，可以避免不同种类作物种植环节的异质性带来的结果差异。

调查数据来自课题组 2021 年 6—12 月开展的农户问卷调查。2021年 6 月，在沈阳市的新民市和辽中区、铁岭市的昌图县，共计 2 个城市、3 个区县、20 个村庄开展调研，共回收 330 份问卷。课题组于 2021

---

① 数据来源：《2020 年中国农村政策与改革年报》。
② 数据来源：辽宁省农业农村厅。

年 11 月和 12 月，在沈阳市的辽中区、铁岭市的开原市、盘锦市的盘山县和大洼区、阜新市的阜蒙县和彰武县，共计 4 个城市、6 个区县、44 个村庄开展调研，共获得 776 份问卷。第三章调查区域农户农业规模经营现状部分及第四章的实证分析部分使用的数据均为两次调查获得的结果，为保障数据的准确性，剔除数据缺失严重和关键变量存在异常值或缺失的样本，有效问卷共 1 076 份。第五章的实证分析部分，使用的是 2021 年 11 月和 12 月的调查数据，剔除无效问卷后，有效问卷 752 份。具体的抽样方法和样本地区分布参考第四章和第五章的数据来源部分。

2. 中国劳动力动态调查数据库

第六章社会投资对农户收入的影响分析部分，使用的数据来自于 2014、2016 和 2018 年"中国劳动力动态调查"（China Labor‑force Dynamics Survey，简称 CLDS）。CLDS 样本覆盖中国 29 个省份，调查对象为样本家庭户中的全部劳动力。在抽样方法上，采用多阶段、多层次与劳动力规模成比例的概率抽样方法。具体抽样方法如下：①县市区的抽取。省际层面以区域和人口规模为标准进行分层抽样，抽取区、县和县级市。将除港澳台和西藏外的省份划分为东部人口大省、东部人口小省、中部人口大省、中部人口小省、西部人口大省和西部人口小省共 6 个具有全国代表性的样本框。在每个层中，按照省份、城市（县级市、县）的顺序，对全部县区按照 GDP 排序，随机起点，依据劳动力规模进行等间距抽取样本区县（县级市）。②村级的抽取。将第一步获得的每个样本市辖区和县（包括县级市）的所有村（居）委会组成第二层的抽样框。为了提高经济水平和流动人口的样本代表性，对第二阶段抽样框按照区县（县级市）的人均 GDP 进行降序排列，然后在每个县区内将所有村居委会按照非户籍（外来）人口比例进行降序排列，最后依据劳动力规模进行 PPS 系统抽样。③家庭户的抽取。对所有样本村，采用地图地址法建立末端抽样框。所获得的抽样框为村行政区划排除了空址、商用地址后的有人居住的居住地址列表，并且按照随机起点的循环等距抽样方式，抽取一个固定大小的样本家庭户地址。家庭户中的劳动力（15 岁以上）全部进入个人样本。CLDS 于 2011 年在广东省开展了试调查，于 2012 年完成第一次全国性调查，并于 2014 年完成了第一轮追踪调查，在 2016 年完成第二轮追踪调查，在 2018 年完成第三轮追踪调查。

文献综述与理论基础

在分析具体研究问题之前，需要对相关的文献和理论进行全面梳理，以更加明确研究的主题及方向，为后续的实证研究建立坚实基础。因此，本章梳理了与本书主题相关的文献资料，从农地规模经营的研究进展、服务规模经营的研究进展、农地规模经营与服务规模经营的关系研究进展等五方面对现有文献进行了归纳，并总结了现有研究的不足。

一、文献综述

（一）土地规模经营的相关研究

1. 土地规模经营的概念界定

学术界关于农地规模经营内涵的阐释不断深入，从起初强调单一的面积扩张过渡到注重多要素合理配置。早期的相关研究认为农地规模经营是通过土地流转扩大土地经营规模，因而实现规模经济的一种经营方式（林善浪，1999）。因而鼓励将小规模的、粗放经营的家庭农场集中在一起，汇聚成一个或一批大型的具有一定规模的机械化农场，要求农场面积在2～20公顷之间（罗必良，2005）。随着学者对农地规模经营相关问题研究的深入，认为要想通过土地规模经营发挥规模经济效应，需要合理配置资金、技术等要素并优化，只通过单一转入土地扩大土地经营面积是无法达成规模经济效应的（张应良，2020）。通过土地流转可以将农村土地整合起来，但也要整合利用其他生产要素，不断降低生产成本，提高土地利用率、生产率，才能实现生产要素的最优配置，最终实现规模经济（孙楚楚，2022）。土地规模经营可以促使土地资源配置优化，能够提高土地集约利用程度及改善农民收入，是实现农业可持续发展的一种有效途径（田凤香等，2013）。土地规模经营模式多样，如整村流转—企业经营、土地托管、村社合———自主经营、反租倒包、龙头企业＋合作社＋农户等（张瑞娟，2019）。与此同时，过大或过小规模的生产都是不经济的，要发展适度规模经营（钟涨宝等，2010；刘燕等，2010）。

2. 发展土地规模经营的合理性及必要性

20 世纪 70 年代末，家庭联产承包责任制的实施使最小的经营单位由生产队变成一家一户的农户，为了确保农户在分配土地过程中的平等性，实行好坏搭配的分配方式，这就造成了土地经营规模呈现小且分散细碎的特征。该特征首先降低了劳动生产率、增加了农业经营成本，进而提高了农产品的销售价格（夏益国和宫春生，2015；卢华和胡浩，2015），使中国农业在国际市场中处于竞争劣势。其次，细碎化的承包地分配方式，导致了田埂和灌溉沟渠数量及面积的增加，这降低了土地资源的利用效率。在土地资源有限、人多地少的国情下，进行土地资源整合，推行规模经营对提高土地利用率、保障粮食安全具有重要意义。再次，小规模生产不利于现代生产要素的有机融合，阻碍了小农户与现代农业的有效对接，至少在两方面上使新技术难以在小农经营中发挥作用：一方面是小农经营模式难以满足新技术的适用规模，部分新型农业技术需要在一定土地经营规模条件下才适用，如大马力的农业机械，规模小且细碎的土地上很难使用大马力的农机，造成新技术采纳困境；另一方面是小农经营中小农生产者采纳新技术的意愿偏低，过小的规模让生产者不愿投入更多的精力和新技术在农业生产中，即便投入了，新技术对家庭总收入的增加也十分有限。相较于小农生产模式，规模经营更有利于现代要素引入农业生产（蔡键和唐忠，2013；张瑞娟和高鸣，2018）。最后，土地作为农民最重要的生产要素，承载着生存、就业以及社会保障等多重功能，被视为农民增收的重要依托（冒佩华和徐骥，2015）。由于农业收入低、利润少，小农也不再将农业生产作为主业，而是更多的行使保障功能（郑杭生和吴力子，2004）。特别是粮食作物，低收益致使农户种粮积极性不高，威胁国家粮食安全。土地的经营规模要至少能够提高农户收入水平、实现可持续经济发展，才能解决农业存在的其他问题。

3. 土地规模经营的影响因素研究

土地规模经营的发展受到多因素的影响，如土地制度、补贴政策、经济发展水平及非农就业等。土地承包经营权确权登记是对农户土地承包经营权予以确认、登记、颁证。2013年中央1号文件提出加快推进承包经营权确权登记颁证工作，并在5年内基本完成。土地承包经营权确权登记为土地流转提供了制度保障，降低了土地流转交易费用，提高了流转效率（张兰等，2014；公茂刚和张梅娇，2022）。承包地确权具有明确土地承包关系、强化土地经营管理、推动土地流转的作用（纪月清等，2021）。农户对承包地确权登记颁证的满意程度越高，越有利于土地转出概率和流转经营规模的扩大（Deininger，2011），土地承包经营权确权颁证提高了农户土地流转参与率（朱建军和杨兴龙，2019）。部分学者对农业补贴的正向效应予以肯定。农业补贴促进了土地流转，且对土地转出影响更显著（吴学兵等，2021）。对土地流转双方给予农业补贴有利于提升土地流转供求，促进土地流转率提高（胡雯等，2020）。农业补贴有助于弥补转出者和转入者意愿价格间的落差，促进土地流转实现（张成玉，2013）。农业补贴对减缓农民种地压力具有舒缓作用，有利于农民扩增土地经营规模，向种粮大户倾斜的补贴政策能够协同兼顾土地流转和规模经营的长远目标。直接发放粮食补贴，提高了农户土地转出和转入的可能性（冀县卿等，2015）。经济发展水平的不同使土地在农民生产生活中扮演的角色存在差异，对于经济发展快速、人均纯收入水平高的地区，农民对土地的依赖程度低，更倾向转出土地，更有利于实现土地规模经营（包宗顺等，2009）。有关非农就业对农户土地流转的影响的研究较为丰富，但也形成了两种不同的学术观点。一种观点认为非农就业有效促进了土地流转

（kung，2000），在经济发展过程中，农村劳动力的大量转移使务农劳动力减少，而出于资源配置的考虑，务工为主的农户会转出土地（田传浩和贾生华，2003），务农的农户也为了提高收入而有意愿转入土地扩大经营规模，由此促进了土地规模经营的实现（廖洪乐，2012；张璟等，2016）。另一种观点认为，非农就业并不能促进土地流转，在现实观察中，土地流转市场的发展明显滞后于劳动力就业市场（叶剑平等，2006），对于能够外出务工的农户来说，更多的不是选择转出土地，而是保留土地进行兼业生产（钱忠好，2008），并且由于我国人多地少的基本国情，即使一部分农村劳动力转移到城市务工，留守的农村劳动力仍能独立完成农业生产，因此并不会促进土地流转（贺振华，2006）。

4. 土地规模经营的绩效研究

（1）土地规模经营与农业生产效率。一些学者探讨了土地流转的效率问题，主要分析了土地市场在优化生产要素配置（Deininger 和 Jin，2005；Huang 等，2012）、提高农户福利水平（Otsuka 和 Hayami，1988）方面的影响。自由的流转土地缩小了农户之间在劳动力和土地投资强度方面的差距，意味着要素边际产出差距变小，促使土地资源从生产效率低的农户手中流转给生产效率高的农户，在边际报酬递减规律的支配下，两者的边际产出趋于相等，也就是所谓的边际产出拉平效应（姚洋，2000），当土地边际产出相等时表明资源配置效率达到了无法再进一步改进的地步，达到帕累托最优。因此，从理论上来说，只要是在自愿基础上所进行的租赁，土地流转能够增加农户效用，提高农户福利水平。土地流转作为土地调整的替代机制，能够优化土地资源的分配效率，更高效地将土地资源从低生产率农户手中转移到高生产率农户手中，提高农业生产效率（Zhang 等，2021）。然而，一部分研究认为土地经营规模与生产效率间呈倒"U"形关系，强调发展"适度规模经营"（钟真等，2020；刘燕等，2010；Adamopoulos 和 Restuccia，2014）。

（2）土地规模经营与农户收入。对于理性的农户来说，流转土地是为了重新配置农业生产要素，获得更多的利润。小农户扩大土地经营规模，会增加对农业机械的需求，即经营规模的扩大会使机械化水平和农户的生产效率有所提高，进而会提高农民收入水平（郭小琳等，2021）。从生产成本角度来看，农场规模的扩大、地块平均距离的缩小，有利于降低农业生产成本（Tan，2008），而且实现规模经营的大农场，其要素调整速度快于传统小农（Johnston，1961；Todaro，1989），规模经营在降低长期平均成本上更具优势。土地规模经营是推动农民收入增长的主要方式（Zhang，2018），拥有土地与否以及拥有土地的规模大小直接决定了农户的收入水平（Freedman，2016）。然而，土地成本严重制约农民收入的增长（Liu等，2019），如果土地流转没有带来土地细碎化的缓解，那么可能会带来农业生产效率的严重降低（叶兴庆和翁凝，2018），从而使土地流转显著减少农户收入（彭代彦和吴扬杰，2009；徐志刚等，2017）。农民收入与土地流转具有互动作用，土地流转不但会增加农民收入，农民收入的增加也能够促进土地流转（刘艳和韩红，2008）。

（3）土地规模经营与农户收入差距。对土地流转收入再分配效应的研究结论莫衷一是。一方面，土地流转通过促进就地非农就业，使低收入农村居民获得更多的收入回报，从而缩小农村居民收入差距（刘志忠等，2022）。较为完善的土地租赁市场有利于贫困农户获得较为稳定的收入，从而缓解农户收入的不平等（郭君平等，2018）。土地流转不仅能缩小整体收入差距，还能提高收入流动性，而且土地转出对收入差距的调节作用比土地转入更加明显（吴超等，2022）。陶婧（2009）通过对中国农村的基尼系数的分析发现，土地流转市场有助于减缓农村收入不平等程度的恶化。Zhang（2008）对浙江省的调查同样发现，土地在农户间的自由流转降低了农村收入不平等，且对于非农就业造成的收入差距也能在一定程度上予以缓解。万广华等（2005）认为土地流转可缓解收入不平等，但对于相对贫困农户不能产生显著影响。另一方面，土地流转交易市场将会牺牲小农利益，使"耕者无其田"，从而导致贫者更贫、富者更富。而且土地流转对高收入农户的收入促进作用大于低收入农户，从而导致收入差距扩大（肖龙铎和张兵，2017；李成明等，2019；许彩华和余劲，2020；栾江等，2021；马乾，2021；杜鑫和张贵友，2022）。土地流转体现出"富农"行动特征（冷智花等，2015），高收入家庭的非农收入占总收入的比重较高，以货币抵御风险的能力不断提高，而土地的收入功能、社会保障功能逐渐减弱，倾向于选择流转土地；而低收入家庭恰好相反。

此外，土地流转对农户收入差距的影响存在区域异质性，在经济发达的地区，土地流转增加了农户收入不平等；而在欠发达地区，土地流转则对减少农户收入不平等有益（韩菡和钟甫宁，2011）。高帆和赵祥慧（2021）对收入结构的异质性做了分析，研究表明土地确权带来的土地流转虽然在整体上扩大了农户间的收入不平等，但贡献度非常有限，通过对收入的结构分解还发现，土地确权主要提升了农户家庭的工资性收入和经营性收入，对农户财产性收入和转移性收入的影响较小。

（二）服务规模经营的相关研究

1. 服务规模经营的概念界定

农业生产性服务业是一种贯穿农产品生产全产业链，对产前、产中、产后等各个环节提供直接或间接协助的社会化服务（徐旭初和吴彬，2018）。同时，也有部分学者提出较为类似的观点，李虹韦和钟涨宝（2020）认为农业生产性服务业是向农户提供农业生产经营的专业化服务，主要以耕地、播种、插秧、打药、灌溉、施肥、收割和烘干为服务内容。而农户参与服务规模经营的主要方式是服务外包。农业生产性服务外包是指农业生产主体在开展农业生产经营活动时，通过将生产中的一项或多项环节业务以特定价格转让给种植能手、生产合作社或者专业化服务公司等服务提供者来完成该项业务的过程，也是以专业化分工实现农业效率提升的过程，是当前实现农业现代化的重要手段（钟真等，2021）。服务规模经营以经营权的产权细分及其交易为基础，显著提升农业的规模经济和分工效率，促进农业生产性服务体系的形成和外包市场的发育，是推进我国农业经营方式转型的重要路径（胡新艳等，2016）。与土地规模经营相比，服务规模经营不需要实现土地的集中连片，而是通过农业生产性服务组织统一提供的服务达到的规模化经营，包括产前生产资料的供给、产中机械服务的提供及产后农产品的统一销售等多种形式（蒋和平，2014）。服务规模经营强调通过农户经营权的产权细分及分工交易，一方面形成外包主体规模化的服务供给，另一方面将农户通过服务外包的形式卷入社会化分工，从而获得"外部规模经济"（罗必良，2014）。农业服务规模经营是一种由小农户把生产过程中的诸多环节外包给生产经营主体，从而生产经营主体可以从事专业化、规模化生产的一种经营方式（彭新宇，2019）。农业生产环节外包（农业生产托管）是服务规模经营的主要形式（冀名峰，2020）。

2. 发展服务规模经营的必要性

一直以来，土地规模经营是中国推进农业规模经营的主流思想与政策导向。然而，土地的不可移动、难以分割、产权地理垄断等特征（Federico，2005），加之中国特殊的人地关系决定了土地流转并非一个简单的要素市场（徐珍源和孔祥智，2010），也不是一个能够独立运作的产权市场（罗必良等，2012），其高昂的交易成本，不仅会抑制农场规模的扩大，亦会使其分工深化受限。服务规模经营不受人地关系和土地制度等强约束条件的制约（刘凤芹，2006；Ma，2022），可以弥补中国土地流转市场动力不足的问题（Xu和Xin，2019）。规模效益的实现，是通过生产性服务的纵向分工与服务的外包达到的，服务规模经营组织可以促使资源要素合理配置，进而带动农业产业化和专业化分工（罗必良等，2014）。当农户家中劳动力不足时，可以借助生产性服务来完成农业生产环节的作业，实现农业横向专业化生产，进而诱导分工深化，而服务规模经营将诱导更多的农户卷入分工（罗必良等，2021）。以代耕、代种、代收为主的农机跨区作业化服务方式，使传统的小规模农业实现了现代化的大生产（薛亮，2008）。

3. 服务规模经营的影响因素

仇童伟等（2018）基于交易半径和交易密度视角，分析了农业社会化服务市场的规模决定机制，结果表明初始农作物种植类型涨落所诱发的农业服务潜在市场的容量，对于农业社会化服务市场交易半径的后期增长具有正向激励作用。同时，随着服务市场信息的披露和传递速度的加快，基于"赢定输移"策略的农户会主动加入农业分工经济，由此提高市场的交易密度和交易半径。韩鹏云（2020）从政府职能的视角出发，强调地方政府通过行政力量及村级组织通过发挥主导作用，直接推动了农业服务规模经营的形成与发展。从服务的需求来看，部分学者的研究表明，随着服务需求程度的不断加深，随着农户被卷入生产性服务的程度不断深化，我国农业规模经营发展会更进一步（王志刚，2011）。罗必良（2017）从规模经济的本质出发，进一步分析了农业分工及服务规模经营的本质内涵与条件，结果表明一旦农户卷入社会化分工与生产性服务外包，同样能够内生出服务规模经济性。生产性服务的市场容量是诱导农业服务主体生成的关键因素，且具有纵向分工中的交易频率与横向分工中的交易密度两个方面的含义。不同农户在规模经营中采纳的行为有所差异，具有高交易能力的农户更倾向将资产专用性的生产卷入分工，通过购买生产性服务来代替自购农机，以期规避投资风险、降低交易费用，并改善经营效率（张露等，2018）。农业生产环节外包是服务规模经营的主要形式，一部分研究分析了影响农户服务外包的因素，大致分为三类：一是户主的主要特征，研究者们认为户主性别、年龄、文化程度会对农户参与生产环节外包产生显著影响（陈江华和罗明忠，2018；杨志海2019；张强强等，2019）；二是家庭经营特征，家庭收入、经营规模、家庭分化程度、种养目的、交易费用等都会显著影响农户参与生产环节外包（陈思羽和李尚蒲，2014；段培等，2017；许元章和赵彩平，2020）；三是外部环境特征，部分学者发现政策支持、机耕路状况和灌溉条件等环境特征变量对农户参与生产环节外包存在显著影响（胡新艳和米薪宇，2020；苏柯雨等，2020）。

4. 服务规模经营的经济绩效

（1）服务规模经营与农业生产效率。根据李嘉图提出的比较优势理论，不同生产效率的劳动者在生产过程中从事不同劳动的机会成本不同，如果劳动者分别从事且仅从事相对机会成本较低的生产，则整个社会的福利将提高。同样，在农户的农业生产过程中，如果农户将自身相对效率较低的生产环节外包给其他劳动者，而自己仅从事相对效率较高的劳动，由于生产结构优化而产生的结构效应将使最终产出得到提高，也就是提高了整个生产过程的平均生产效率。当前研究将农业生产性服务外包影响农业效率的机制大致归纳为两个角度：一是优化配置论，因农机作业可替代劳动力的属性，可弥补农业经营中的劳动力不足问题，资源配置优化提升了效率（闵师等，2018）；二是技术引入论，农机作业不仅仅是对劳动力的替代，更重要的是给农业生产带来新技术，由此实现了农业效率的提升（陈超等，2012）。以水稻为例，不同生产环节外包对生产率的影响存在差异，相比以劳动替代为主的生产环节外包而言，以技术替代为主的生产环节外包能够带来更大的生产率效应。杨杰（2010）运用 DEA 方法，通过实证分析表明我国省际生产性服务业的发展有利于农业效率的提高。

（2）服务规模经营与农户收入水平。从成本收益角度，农业生产性服务外包能够降低农户生产成本，提高农户的农业收入（唐林等，2021；Baiyegunhi 等，2019；Lyne 等，2018；栾健等，2022）。从生产效率角度，生产性服务外包可以促进农业产量的提高和生产效率的改善（韩春虹和张德元，2020；闫晗和乔均，2020；李晶晶等，2022），且金融保险服务、技术服务、机械服务和加工销售服务对提高粮食生产效率具有显著作用（刘强等，2017）。从非农就业角度，农业生产性服务外包除了可以提高农业经营性收入，还可以为农户通过非农就业等渠道增加工资性收入创造空间（孙顶强等，2016；李忠旭和庄健，2021）。胡祎（2018）指出，在一定条件下，农业机械作业的技术改进及劳动力替代的增收效应较为明显。然而，少数研究否定了生产性服务的农户增收效应，各类农业生产性服务的不同供给渠道和数量对农户收入的影响具有差异性（李颖慧和李敬，2019），农机服务通过非农就业增加农民收入的机制不显著（周振等，2016）；受地理因素、经济环境、个体特征等影响，农业生产性服务对生产效率和农民收入的作用差异明显，难以得出肯定性结论（Ragasa 和 Mazunda，2018）。

（3）服务规模经营与农户收入差距。农户资源禀赋差异是影响农户收入差距的主要因素（黄祖辉等，2005）。而农业生产性服务作为一种新型现代生产要素被引入传统农业生产经营中，通过优化农村地区整体资源配置、缩减农户资源禀赋差异，进而缩减农户间家庭经营性收入和工资性收入差距。农机社会化服务通过缩小劳动力和技术禀赋差异，对农村经济相对贫困具有显著正向影响，缓解了农村经济相对贫困，考虑了内生性问题之后结果依然稳健（罗明忠和邱海兰，2021）。农业生产性服务业发展不仅有利于缩小本地区的城乡居民收入差距，还对周边地区存在显著的空间溢出效应（张荐华和高军，2019）。颜华等（2022）的研究结果表明农业生产性服务总体上有利于缓解农户收入差距，直接原因是对低收入群体的增收效应大于高收入群体，且农业生产性服务对农户收入差距的缓解效应存在区域异质性和群组异质性，主要表现为对西部地区的减缓效果高于东部及中部地区，对青年组、初中及以下受教育程度组的减缓效果高于中老年组及初中以上受教育程度组。

（三）土地流转与生产性服务外包关系的相关研究

农业生产环节作业外包服务发展促使规模经营户增加土地转入、兼业化程度较高的农户增加土地转出（章丹等，2022）。生产性服务之所以可以促进农户转入土地、扩大土地经营规模，主要是因为农户通过生产性服务外包，可以缓解其在扩大土地经营规模时面临的劳动力、技术、资金等约束（李颖明等，2015；刘强和杨万江，2016）。不同环节的服务对农户土地流转行为的影响存在差异，灌溉服务、机耕服务、防治病虫害服务和种植规划服务对土地规模经营的影响显著为正，且边际影响系数依次递减（姜松，2016）。经营规模扩张可以显著提升农户对农业社会化服务的投入水平，即适度的经营规模对农业生产环节外包有正向作用（韩旭东等，2020；Foster 和 Rosenzweig，2022；Qian 等，2022）。经营规模越大，对生产性服务的需求容量也越大，经营规模在30亩之上的农户，对农业机械、技术等的购买率要明显高于10亩以下的农户（钱克明，2014）。此外，也有学者认为土地经营规模与农业生产服务外包行为之间存在倒"U"形关系（陈昭玖和胡雯，2016）。生产环节外包对农户土地经营规模意愿的影响具有农户异质性差异（戚迪明等，2015）。

近年来，一部分研究开始关注二者之间的互动关系。考虑到分工与市场容量的相互性，而以交易密度为主要变量的市场容量会伴生交易成本（Sartorius等，2005），因此，从服务商的视角来看，农业生产纵向分工有赖于横向分工及在此基础上的区域专业化与生产组织化，这是农业服务规模经营的决定机理（罗必良，2017；仇童伟等，2018）。胡凌啸（2018）以农机服务为例，通过案例分析表明生产性服务为土地规模经营提供支撑，土地规模经营为服务规模经营实现的重要条件。宏观上，土地规模化与服务规模化存在长期稳定的均衡关系，且相互之间具有较为显著的相互促进作用（刘梦圆，2021），二者的协调发展是实现农业现代化目标的重要途径（谢地和李梓旗，2021；梅付春和马开轩，2022）。

【（四）】土地规模经营与服务规模经营协同对农户收入影响的相关研究

钟真等（2020）初步建立了一个比较土地规模经营和服务规模经营的逻辑框架，并对山东临沂小麦种植户进行了实地调查，通过按照村庄土地流转和农业生产性服务水平的不同分组，对比了不同规模经营在农业产出（农户产量和收益）中作用的差异，表明农业社会化服务通过优化要素配置带来的农业产出水平的提升大于土地经营规模扩大带来的效应，在已经具备较高土地流转程度的情况下，提高农业社会化服务水平所获得的经济效果，要大于在已经具备较高社会化服务水平的情况下提高土地流转程度所获的农业增量产出。双重属性的经营主体在进行农业生产的同时提供农业生产性服务，通过要素互补及利用率提升，不仅对服务主体生产经营绩效的提升产生了有益影响，还对被服务农户的粮食生产效率提升产生了外溢效应（郑旭媛等，2022）。

（五） 社会投资对农户收入影响的相关研究

在社会投资对农村经济发展的影响研究中，对农民收入的影响是研究的焦点问题之一。部分学者认为，社会投资可以通过多种途径帮助农民增收。其一，社会投资会催生大量的农业龙头企业，这些企业能够提供一定数量的就业岗位，在农民的自主权和受益权得到充分保障的前提下，农户乐意将土地流转或出租给企业，并积极到工商企业寻求就业机会，有效缓解农村劳动力净流出效应（侯江华，2015），提高农户非农就业收入（Otsuka 和 Yamano，2006）。其二，社会投资可以促进土地经营权等农村资源的市场化流转，工商企业租赁土地，可以促进农户土地转出，从而提高农户的财产性收益。其三，社会投资主体提供的农业社会化服务、保底价契约等可以降低农业生产成本、影响农业收入（曾博，2018）。其四，社会投资为村庄带来的科技人才、管理人才等，在促进科技、管理等知识在农业生产中广泛传播的同时，有利于使农业生产者素质得到提升，从而促进农业生产发展，提高农户收入（赵勇和白永秀，2009；VonBraun，2009）。此外，为了方便自身的经营活动，社会投资主体通常会积极改善各项农业基础设施，农民在生产和生活方面都能从中受益（李国珍等，2022；李云新和黄科，2018）。此外，不少学者却认为在社会投资主体和农民之间存在着不可避免的利益冲突，会导致农民被迫接受来自资本的利益竞争。杨华（2016）认为工商资本下乡可能导致"资本家剥削小农"的局面出现。工商资本进入农业经营领域后，由于其农业经营能力薄弱，往往只需要较少的承包户进入企业打工，而大规模的土地流转则会释放大量无地劳动力，造成农户的显性或隐性失业（贺雪峰，2013）。Obidzinski 等（2014）在对印度尼西亚巴布亚省油棕产业园区的研究中同样发现，产业园区较好的工作基本被外来高技术人才占有，当地人仍然没有工作机会。实践中，也存在很多社会投资主体流转土地后并未进行农业生产经营的"非农化"现象。这不仅会对农产品供给和国家粮食安全产生不利影响，也将导致社会投资在提高农户农业收入方面的正外部性无法发挥。总之，社会投资主体下乡对农户收入是把"双刃剑"，社会投资进入农业的环节或者渠道不适宜时会带来负面影响（周振等，2019），但是这些负面影响可以通过相应的措施加以解决（罗浩轩，2018）。

（六）评述

综上所述，农户收入问题一直是学者关注的热点话题，现有文献探讨了土地流转与生产性服务外包对农户收入和收入差距的影响，并在作用机制、异质性方面做了充分的分析，同时也在不断改进实证分析方法，为本项目的开展提供基础。然而，现有研究不能很好地解答农户双规模经营会对其收入产生什么影响、作用机制是什么、是否具有协同效应等问题。原因在于，现有关于双规模经营方式对农户收入影响的研究系统性不足，具体体现在：研究视角上，没有将土地流转和生产性服务外包放入同一个框架，分析二者协同对农户收入的影响；研究内容上，缺少对比分析农户的土地规模经营、服务规模经营及双规模经营方式的效果差异；研究方法上，缺少对农户双规模经营的收入协同效应和机制的实证分析。

目前关于社会投资主体下乡能否提高农户收入的结论莫衷一是。导致这一现象的原因主要有以下几点：一是忽略了社会投资主体下乡政策的影响。虽然我国从1991年起施行有条件地限制社会投资主体涉农，2002年起将条件放宽，但直到2013年起才正式给予政策上的鼓励及引导。随之，社会投资主体下乡的质和量都得以提高，与农户的利益联结更加紧密。因此，2013年前后，社会投资对农户收入的影响效应可能存在差异。二是忽略了社会投资对农户收入影响的异质性。这一异质性体现在多方面，如农户的异质性、地区的异质性、机制的异质性、下乡方式的异质性等。异质性的存在使社会投资对农户收入的影响不能一概而论，这也意味着需要制定差异化的相关政策。三是研究方法存在缺陷。以往研究多数采用案例分析方法，重点分析社会投资主体与农户利益联结的模式、效应、机制。然而，准确识别社会投资对农户收入影响的关键要解决样本"自选择"带来的内生性问题，而相关实证文献较多采用的 OLS、Probit、Logit 无法解决该问题，导致估计结果有偏。

二、理论基础

（一）规模经济理论

西方经济学认为，技术进步是实现规模经济的前提条件，将大量的生产要素资源合理配置，才能达到更高的生产效率。其中，马歇尔探讨了关于规模经济形成的两种方式。一是"内部规模经济"。内部规模经济来源于技术效率和资源利用率的提高，主要通过以下两种路径实现。一方面，扩大短缺要素后各生产要素之间组合更合理，以此优化资源配置与利用，充分发挥生产潜力，产出大幅度提高，单位产品成本下降，也即所谓的"木桶效应"。例如，中国现阶段农业生产经营中农户经营的土地面积普遍较小，一些先进的农业机械设备和科学技术得不到充分的利用，这既增加了农产品生产成本，也抑制了产出的增加。若适度地扩大土地经营规模，必将有利于劳动、土地、机械等的优化组合，提高产出能力，降低单位农产品成本，取得比原来小规模分散经营更好的经济效益。另一方面，所有规模要素如土地、劳动、机械等按同一比例增加后，可实行有效的分工、协作，从而使产出增加的幅度更大，分摊到单位产品上的成本下降，经济效益得以提高。二是"外部规模经济"，其来源于外部利益的转移和分享，也产生于两个方面。一方面，经营规模扩大以后，可以节约购买生产要素的运输费用，降低单个农产品成本。同时，由于产出水平的提高和产出规模的扩大，可以形成一定的商品优势，向市场提供较大批量的商品，进而在市场交换中可以减少市场交易费用，降低单位农产品成本。另一方面，经营规模扩大，产出量增加，国家和地方政府对农业的一些支持和补贴政策措施往往对其更有利，即国家对农业的支持和补贴往往随着经营规模扩大而增加，包括价格、财政、金融、税收等各个方面，而这些在无形中又降低了单位农产品的成本。

随着经济的快速发展，农业技术进步的步伐不断加快，生产工具快速更新，促使农业生产规模持续扩大。农户通过采用先进的生产管理技术，可以降低单位成本，提高规模经济效益。农业内部的规模经济的实现途径有两种：一是进行土地规模经营，实现横向专业化生产。因此，要建立发达的农村土地流转市场，促进土地这一要素的集聚，实现土地规模化经营。二是通过生产性服务的日益完善，将各经营主体的市场行为联合起来。通过生产性服务种类的多样化，提高农户参与，促进纵向分工，可以优化配置技术、劳动、资本等其他要素，实现成本的降低、风险的规避，进而提高小农户的收益。

（二）分工理论

1776 年，亚当·斯密在《国富论》中正式提出了"劳动分工"的概念，指出劳动分工是将任务或工作分解成更小的、相互关联的任务的过程，从而发挥专业化的积极影响产生效率收益。劳动分工意味着根据工作专业化将其划分为某些领域，以便进行工作分散并提高每个工人的效率和生产力（贾根良，2016）。其中，分工使专门从事单一任务的工人拥有更多时间重复工作进而提升劳动的熟练度，能够明显提高工人的工作速度和质量。另外，分工将一般制造流程划分为离散和简单的任务，能够节约劳动时间（李青和韩永辉，2016）。马克思同样认为不同人和不同群体间的任务分配称为劳动分工，劳动分工对经济进步至关重要，因为它允许人们专注于特定的任务，这种专业化使工人更有效率，从而降低生产商品或提供服务的总成本（乔榛，2005）。新古典经济学代表人物马歇尔指出分工简化了工人的活动，提高了他们的生产力，虽然在某种程度上机器最终取代了劳动力，但机器的引入增加了分工的范围，机器对就业的负面影响被积极影响抵消（覃成林和李敏纳，2010）。重点是马歇尔强调分工是一个变革的过程，在这个过程中公司内部会发生明显的质量变化，进而会刺激其他变化，如产生对其他专业活动的需求，从而产生对其他专业机械的需求等（王静，2021）。美国经济学杨格沿袭了亚当·斯密和马歇尔关于分工理论的研究，对分工理论进行进一步探讨，为分工理论增添了许多新的元素。他认为劳动分工取决于市场范围的大小，市场范围又取决于分工的程度。部分学者在进行农业生产分工理论研究时，指出农业生产与企业生产存在差异，农业生产经营活动中要素无法像工业一样轻易分开，但随着技术的不断提升，农业生产经营活动中要素能够优化配置，农业生产环节间的可分性得到提升，也诱导农业生产分工经济的出现，使分工的空间得到逐步拓展（罗必良，2014）。

（三）交易成本理论

交易成本理论，亦可称为交易费用理论。1937年，科斯在其所著的《企业的性质》一书中首次提出了交易成本理论，并于1960年在其所著的《社会成本问题》一书中对交易费用理论进行了进一步阐释。科斯从经济分析视角，对交易成本进行了深入分析，并将交易成本与产权进行了有机结合，认为企业的存在会降低交易反复发生的成本。威廉姆森（1975）对交易成本进行了简单分类，认为主要包含以下六类：一是搜寻成本（主要指在进行商品交易时对商品信息和交易对象相关信息的搜集成本）；二是信息成本（主要指获取信息和信息交换成本）；三是议价成本（主要指讨价环节的成本）；四是决策成本（主要指行为决策的内部成本）；五是监督成本（主要指为了保障契约内容能够按约定实施的成本）；六是违约成本（主要指未按照契约内容执行的事后成本）。而达尔曼与威廉姆森对交易成本的分类存在明显差异，其认为交易成本不仅包括搜寻信息成本、监督成本、执行成本，而且涵盖了协商与决策成本、契约成本与转换成本（戴国良，2018；Dahlman，1979）。当然，多数学者主要采用威廉姆森关于交易成本理论的界定，认为交易将根据三个关键属性即资产专用性、不确定性和交易频率来决定（黄梦思和孙剑，2016）。这三个属性中最重要的是资产专用性。威廉姆森认为之所以会产生交易成本，最主要原因是市场失灵的发生，而市场失灵则受人为因素和交易市场环境的影响。在透明的市场经济环境下，生产成本和交易成本构成了农业生产的总成本。农业经营规模影响了农产品生产成本和交易成本的大小。目前我国农业呈现出机械化耕作水平高，家庭经营面积小，土地零碎、分散的格局，导致农户处于不利的竞争地位；小农户在搜索信息、进行谈判及签订契约等方面的交易费用较高，导致生产成本较高，不利于农产品竞争力的提升，相反，大农场的交易费用要小很多。因此，只有适度扩大农业生产规模或小规模经营农户卷入生产性服务规模经营实现外部效益，才能够降低交易成本，提升农产品的市场竞争力。

（四）协同效应理论

协同效应（Synergy Effects）原本是一种物理化学现象，指两种或两种以上的成分相加或调配在一起，其所产生的作用大于成分单独使用时的总和。德国物理学家赫尔曼·哈肯（Hermann Haken）于 1976 年首次对该效应作了系统论述，并编写了《协同学导论》等著作。协同效应强调系统内部、各子系统、各功能块之间通过相互依存、协作、关联运动，产生超越原各部分单独运营功能总和的"大获全胜"。由此，协同效应常用于指导化工产品各组分组合，以求得最终产品性能增强（李丹慧，2021）。美国战略管理学家伊戈尔·安索夫（Igor Ansoff）将协同的理念引入企业管理领域，使用"1+1＞2"简单地表达了其含义。一个企业可以是一个协同系统，协同是经营者有效利用资源的一种方式。Igor Ansoff（1965）强调协同就是企业通过识别自身能力与机遇的匹配关系来成功拓展新的事业，协同战略可以像纽带一样把公司多元化的业务联结起来，即企业通过寻求合理的销售、运营、投资与管理战略安排，可以有效配置生产要素、业务单元与环境条件，实现一种类似报酬递增的协同效应，从而使公司可以更充分地利用现有优势，并开拓新的发展空间。迈克尔·波特（Michael Porter）在《竞争优势》中指出，多元化集团存在的唯一理由就是获取协同效应，协同效应具体体现为集团的整体经营表现优于原先各个企业独立经营表现之和。由此，协同效应理论成为企业采取多元化战略的理论基础和重要依据。协同效应的思想原则在其他并购理论中得到了较大的渗透。大量文献采用协同效应理论研究了企业并购的动因、绩效等（冯根福和吴林江，2001；杨书敏，2021；徐珂，2021）。此外，学者利用该理论在企业文化协同、供应链协同、战略联盟协同、技术创新协同等方面进行了研究（张敏，2023；靖建新等，2009；詹湘东，2011；周大森等，2021）。

（五）农户行为理论

农户是农业生产经营的基本经济组织和农村的微观经济主体（汪昌云等，2014），农户行为理论主要是为了研究农户基于何种目标进行生产生活行为（包含生产、消费、投资）的选择和决策。当前农户行为理论主要有以下几种研究派别。一是理性小农学派。诺贝尔经济学奖获得者舒尔茨指出农户实际而言与企业相同，大多是按照追求利益最大化来进行生产和投资，其行为决策同许多企业家相似，都是追寻一定的经济理性而对资源和要素进行合理有效配置（舒尔茨，2006）。塞缪尔·波普金在舒尔茨的理性小农理论下继续进行探索，认为农户是在既定要素条件约束下衡量长短期利益后，依据其最大化利益和期望效用对行为和决策做出选择的理性经济人（Popkin，1979）。总体而言，理性小农理论均认为农户主要依据利益最大化原则对其行为做出有效决策（Regan，2005）。二是自给小农学派。指出农户生产生活行为与企业明显不同，主要受到农户家庭构成和规模的影响，并不是单纯由利润最大化决定，农户行为决策最终目的是满足家庭的消费和生计（恰亚诺夫，1996）。斯科特虽然与恰亚诺夫的理论存在争议，但其也认为农户的行为决策并不是单纯追求收入最大化，而是奉行"安全第一"的准则，追求风险规避的农户主要采取保守的生产经营方式满足家庭生存消费（斯科特，2001）。三是商品小农理论。以黄宗智为代表的学者综合了"理性小农"和"生存小农"的理论，认为小农行为决策是介于道义和理性之间的，不单单追求利润最大化或是追求生计稳定，其行为决策会按照不同的理性原则进行（黄宗智，2000）。随着农户行为理论的演进，部分国内学者也进行了探讨。徐勇和邓大才（2006）提出了社会化小农行为理论，认为农户行为决策主要受到货币收入最大化和收支最小化的影响，随着市场经济的发展，农户开始逐步卷入市场社会化分工中，大多崇尚货币理论。陈军亚（2019）提出了"韧性小农"理论，认为农户行为决策会受到外部环境的影响，主要是受其是否能够适应环境和获得持续生存发展的影响。

【六】内源式与新内源式发展理论

内源发展源于联合国教科文组织实施的一个社会发展规划方案，旨在寻求适合世界不同国家和地区实际情况和现实需求的多元化发展过程，强调社会历史文化条件、价值观念体系和社会成员的参与动机与参与方式对发展的重要性。内源发展有几个基本特征：第一，强调发展的内生性特征。发展要以人为中心，通过"由人自己并为自己而完成的发展过程"实现人的全面发展（黄高智，1991）。第二，倡导自主性改变与外部性协助的辩证统一。地方性知识与现代性知识应相互融合，要根据不同情境实施适宜于不同文化的发展政策与发展项目。第三，强调本土民众的广泛参与。"大众参与不仅是一切有效的发展行动的基本条件，也是发展的目的，因为它是符合每个国家和每个社会特有环境中多种发展类型的保障。"（范如湖，1991）

Ray（2001）提出了新内源式发展理论，区别于强调区域发展要依靠外部资源和要素推动的外源式发展理论和强调发展从社会内部中创发出来的内源式发展理论，新内源式发展理论则是鼓励以"自下而上"视角（Bosworth 等，2016），关注当地人的需求、能力和观点，将发展情境化（Gkartzios 和 Scott，2014）；重新定位地区发展，尽可能保留有关地区内的最终利益，同时又要充利用内部和外部市场、机构和网络（Atterto 和 Thompson，2010），实现各种社会人之间的伙伴关系和长期合作，以支持地方发展（Adamski 和 Gorlach，2008）。新内源式发展理论已经应用到我国城乡融合发展与再造城乡的理伦与实践中（闫宇等，2021）。为保证乡村振兴的生命力和持续性，应以外部资源推动内生发展，使乡村发展机遇与外部资源在发挥各自优势基础上，不断实现有机融合（杨锦秀等，2022）。社会投资作为一种"外生动力"，通过与农户资金及资源的要素互补（陈航英，2021），能够使企业获取发展利益，农民增加家庭收入，从而激发农村的发展潜力，推进乡村振兴战略的实现。

农业规模经营发展现状分析

本章主要对农业规模经营发展的现状和特征进行分析。首先，梳理我国土地流转和农业社会化服务政策的演变；其次，利用宏观数据，分析我国土地规模经营和服务规模经营的发展现状和趋势；最后，利用调查数据，揭示现阶段农户土地规模经营、服务规模经营以及双规模经营的特点。

一、我国土地流转和农业社会化服务的政策演变

（一）土地流转政策演变

在我国 1987 年颁布的《中华人民共和国土地管理法》第四条中，将土地分为农用地、建设用地和未利用地，并补充农用地是指直接用于农业生产的土地，包括耕地、林地、草地、农田水利用地、养殖水面等。2002年通过的《中华人民共和国农村土地承包法》中，把农村土地定义为农民集体所有和国家所有依法由农民集体使用的耕地、林地、草地，以及其他依法用于农业的土地。本书中所论及的农村土地就是指农用地，即不包括农村集体经营性建设用地（宅基地、公益性公共设施用地和集体建设经营性用地），也不包括属于国家所有的农村土地，而是特指集体所有依法由农民集体使用的耕地、林地、草地，以及其他依法用于农业的土地。因此，农村土地流转政策是指涉及农业的土地使用权流转的法律、法规、规章、条例、决定和办法等。本书根据我国历年来的中央 1 号文件及与土地

改革相关的法律法规，总结归纳出了有关农村土地流转、规模经营的制度内容，并据此将农村土地流转划分为五个时期。

1. 禁止农村土地流转时期（1978—1983 年）

1978 年实施的家庭联产承包责任制使土地的经营权和所有权分离，充分调动了农民生产的积极性，提高了农业生产效率及农产品产量。1978—1983 年，为了充分保障农户对土地的权力，国家严格限制土地在农户之间流转。这一时期主要的土地流转政策如表 3‐1 所示。1982 年《全国农村工作会议纪要》中特别强调"对于家庭承包经营户承包的土地，农户无权买卖，不能出租或者转让，对于荒废的农地，所在集体组织应予以收回，针对没有能力经营土地或因其他原因放弃农地经营的，要及时退还给集体。"同年 12 月《中华人民共和国宪法》进一步明确指出"要充分保障农户的农地承包经营权，不得采取非法的形式侵占、买卖或者出租转让家庭承包经营户承包的土地。"在这一阶段，政策上明令禁止土地流转。从农户的需求来看，我国此阶段的城镇化和工业化水平不高，农民非农就业机会少，因而土地流转的需求也不高。

表 3‐1　1978—1983 年的土地流转政策

文件名称（年份）	主要内容
《全国农村工作会议纪要》（1982）	社员承包的土地，不准买卖，不准出租，不准转让，不准荒废，否则集体有权收回；社员无力经营或转营他业时应退还给集体
《中华人民共和国宪法》（1982）	要充分保障农户的农地承包经营权，不得采取非法的形式侵占、买卖或者出租转让家庭承包经营户承包的土地
《当前农村经济政策的若干问题》（1983）	稳定完善农业生产责任制，鼓励实行联产承包责任制

2. 限制性放开农村土地流转时期（1984—1993 年）

1984—1993 年，我国逐步放开农村土地流转，由上一时期的全面禁止，到允许无偿转包，再到可以有偿转让（表 3‐2）。1984 年发布的《中共中央关于一九八四年农村工作的通知》提出，"鼓励土地逐步向种田能手集中。社员在承包期内，因无力耕种或转营他业而要求不包或少包土地的，可以将土地交给集体统一安排，也可以经集体同意，由社员自找对象协商转包，但自由地、承包地均不准买卖，不准出租，不准转作宅基地和其他非农业用地。"1987 年《把农村改革引向深入》规定，"长期从事别的职业，自己不耕种土地的，除已有规定者外，原则上应把承包地交回集体，或经集体同意后转包他人。"上述文件表明国家在政策层面上开始允许土地流转，但是只有转包这一种形式，承包者给予转包户一定的实物补贴而不能是现金补贴，或者是以免费的方式赠与其他人。无偿转包形式由于无租金，多发生在亲朋好友之间（俞海等，2003；许庆等，2011）。1988 年 4 月，我国对《中华人民共和国宪法》进行了修订，明确提到"土地的使用权可以依照法律的规定转让"。自此，国家在法律高度进一步放开农村土地流转。1993 年《关于当前农业和农村经济发展的若干政策措施》指出，"在坚持土地集体所有和不改变土地用途的前提下，经发包方同意，允许土地的使用权依法有偿转让。"

表 3-2 1984—1993 年的土地流转政策

文件名称（年份）	主要内容
《中共中央关于一九八四年农村工作的通知》（1984）	社员在承包期内因无力耕种或转营他业而要求不包或少包土地的，可将土地交给集体统一安排，也可以经集体同意，由社员自找对象协商转包，但不能擅自改变向集体承包合同的内容
《一九八六年农村工作的部署》（1986）	随着农民向非农业产业转移，鼓励耕地向种田能手集中，发展适度规模的种植专业户
《把农村改革引向深入》（1987）	长期从事别的职业，自己不耕种土地的，除已有规定者外，原则上应把承包地交回集体，或经集体同意后转包他人
《中华人民共和国宪法》（1988）	土地的使用权可以依照法律的规定转让
《中华人民共和国土地管理法》（1988）	集体所有的土地使用权可以依法转让
《关于当前农业和农村经济发展的若干政策措施》（1993）	在坚持土地集体所有和不改变土地用途的前提下，经发包方同意，允许土地的使用权依法有偿转让
《建立社会主义市场经济体制若干问题的决定》（1993）	允许土地使用权可以采取转包、入股等多种形式依法有偿转让

3. 全面放开农村土地流转时期（1994—2003 年）

1994—2003 年，相关文件多次强调农村土地流转要坚持"依法、自愿、有偿"原则，以多种模式进行土地流转（表 3-3）。1995 年，农业部在《稳定和完善土地承包关系的意见》中提到，在充分尊重土地集体所有的原则底线、不改变土地农业用途、不强制农户流转土地、充分尊重农户意愿前提下，允许承包户在既定期限内，通过多样化形式将农地使用权流转出去，农户的合法权益将受到法律的保护。1997 年中央提出通过小范围的试点试验，探索符合地区农业发展的承包经营流转多样化模式。2001 年颁布的《关于做好农户承包地使用权流转工作的通知》再次重申了上述土地流转原则，并强调必须在法律既定的约束下，推动农村土地要素合法使用，确保农业经济稳定发展。2003 年 3 月，《中华人民共和国农村土地承包法》和 2002 年修订后的《中华人民共和国农业法》正式施行，巩固和加强了农业在国民经济中的基础地位，明确了"通过家庭承包取得的土地承包经营权可以依法采取转包、出租、互换、转让或者其他方式流转"，对土地流转进行了原则性约束，也为土地流转实践提供了明确的法律基础，这标志着中国土地承包经营流转制度的正式确立，也标志着我国土地流转进入全面放开阶段。

表 3-3　1994—2003 年的土地流转政策

文件名称（年份）	主要内容
《中共中央　国务院关于一九九四年农业和农村工作的意见》（1994）	重点抓好延长耕地承包期和土地使用权有偿转让等政策的贯彻落实
《中共中央　国务院关于做好 1995 年农业和农村工作的意见》（1995）	要逐步完善土地使用权的流转制度
《稳定和完善土地承包关系的意见》（1995）	在坚持土地集体所有和不改变土地农业用途的前提下，经发包方同意，允许承包方在承包期内，对承包标的依法转包、转让、互换、入股，其合法权益受法律保护
《关于"九五"时期和今年农村工作的主要任务和政策措施》（1996）	随着劳动力向非农产业转移，要建立土地使用权流转机制，在具备条件的地方发展多种形式的适度规模经营

（续）

文件名称（年份）	主要内容
《进一步稳定和完善农村土地承包关系的通知》（1997）	少数经济发达地区，农民自愿将部分"责任田"的使用权有偿转让或交给集体实行适度规模经营，这属于土地使用权正常流转的范围，应当允许
《中共中央关于农业和农村工作若干重大问题的决定》（1998）	土地使用权的合理流转，要坚持自愿、有偿的原则依法进行，不得以任何理由强制农户转让。少数具备条件的地方，可以在提高农业集约化程度和群众自愿的基础上，发展多种形式的土地适度规模经营
《中共中央关于做好农户承包地使用权流转工作的通知》（2001）	流转期限不得超过农户承包土地的剩余承包期；农地流转的主体是农户，土地使用权流转必须建立在农户自愿的基础上。在承包期内，农户对承包的土地有自主的使用权、收益权和流转权，有权依法自主决定承包地是否流转和流转的形式
《中华人民共和国农村土地承包法》（2003）	国家保护承包方依法、自愿、有偿地进行土地承包经营权流转，并对农地承包经营权流转作了较全面的规定

4. 规范农村土地流转发展时期（2004—2012 年）

2003 年年末，中央农村工作会议召开，指出要切实把解决好"三农"问题作为全党工作的重中之重。2004—2012 年农村土地流转逐步变得规范起来，这一时期的相关政策如表 3-4 所示。2004 年对《中华人民共和国土地管理法》进行了第 2 次修正，从财产的角度规定集体土地可以经一定程序后由集体外的单位或个人承包经营，突破了原来的承包主体范围，增强了流转性，对土地财产制度和土地资源的合理利用进行了规范。2005年农业部颁布实施《农村土地承包经营权流转管理办法》，规范了农村土地承包经营权流转行为，对流转当事人的权责、流转方式、流转合同的签订及土地流转管理给出详细、明确的规定，标志着国家在逐步规范化和标准化农村土地流转。2007 年颁布的《中华人民共和国物权法》中规定了农村集体所有权、土地承包经营权、宅基地使用权等农民的一系列权利，同时对普遍关注的土地征收中农民利益的保护做了详细规定。2008 年《中共中央关于推进农村改革发展若干重大问题的决定》中，强调建立健全土地承包经营权流转市场，按照依法自愿有偿原则，允许农民以转包、出租、互换、转让、股份合作等形式流转土地承包经营权，发展多种形式的适度规模经营。

表 3 - 4　2004—2012 年的土地流转政策

文件名称（年份）	主要内容
《中共中央　国务院关于促进农民增加收入若干政策的意见》（2004）	健全在依法、自愿、有偿基础上的土地承包经营权流转机制，有条件的地方可发展多种形式的适度规模经营
《农村土地承包经营权流转管理办法》（2005）	分为总则、流转当事人、流转方式、流转合同、流转管理和附则六部分
《中共中央　国务院关于推进社会主义新农村建设的若干意见》（2006）	保护农民的土地承包经营权；健全在依法、自愿、有偿基础上的土地承包经营权流转机制
《中华人民共和国物权法》（2007）	将土地承包经营权解释为一种用益权，以保护农民流转土地的权利，提高土地流转的成效
《中共中央　国务院关于积极发展现代化农业扎实推进社会主义新农村建设的若干意见》（2007）	坚持农村基本经营制度，稳定土地承包关系，规范土地承包经营权流转
《中共中央关于推进农村改革发展若干重大问题的决定》（2008）	建立健全土地承包经营权流转市场，按照依法自愿有偿原则，允许农民以转包、出租、互换、转让、股份合作等形式流转土地承包经营权，发展多种形式的适度规模经营
《中共中央　国务院关于加大统筹城乡发展力度进一步夯实农业农村发展基础的若干意见》（2010）	加强土地承包经营权流转管理和服务，健全流转市场，在依法自愿有偿流转的基础上展多种形式的适度规模经营
《关于加快推进农业科技创新持续增强农产品供给保障能力的若干意见》（2012）	按照依法自愿有偿原则，引导土地承包经营权流转，发展多种形式的适度规模经营，促进农业生产经营模式创新；加强土地承包经营权流转管理和服务，健全土地承包经营纠纷调解仲裁制度

5. 深化改革农村土地流转时期（2013 年至今）

2013 年以后，我国农村土地流转改革越发深入，主要政策如表 3 - 5 所示。2013 年的中央 1 号文件提出开展农村土地确权登记颁证工作。新一轮农村土地确权工作有较大的创新和突破，对农地的面积进行精准测量并规范登记，明确做到地块、面积、合同和证书全面到户，同时赋予承包经营权抵押、担保权能。2014 年的中央 1 号文件将土地承包经营权进一步划分为承包权和经营权，农村承包土地经营权可以依法向金融机构融资担保、入股从事农业产业化经营。此后几年的政策都是在此基础上不断探索和丰富"三权"分置的具体实现形式。到 2018 年，全国大部分农村地区完成了土地承包经营权登记颁证工作，为农户颁发了证书。该政策能够促进土地经营权流转，进而有利于将土地集中连片，实现更高的规模化和机构化经营，成为我国农业未来发展的大势所趋。2019 年中央 1 号文件指出，要健全土地流转规范管理制度，发展多种形式的农业适度规模经营，允许承包土地的经营权担保融资，这对流转土地的农业企业来说是有利的，有利于将更多的资金投入生产中。2021 年发布的《中共中央　国务院关于全面推进乡村振兴加快农业农村现代化的意见》指出要健全土地经营权流转服务体系。2023 年中央 1 号文件指出"引导土地经营权有序流转，发展农业适度规模经营。总结地方'小田并大田'等经验，探索在农民自愿前提下，结合农田建设、土地整治逐步解决细碎化问题。"

表 3 - 5　2013 年以来的土地流转政策

文件名称（年份）	主要内容
《中共中央　国务院关于加快发展现代农业进一步增强农村发展活力的若干意见》（2013）	引导农村土地承包经营权有序流转，鼓励和支持承包土地向专业大户、家庭农场、农民合作社流转，发展多种形式的适度规模经营
《关于全面深化农村改革加快推进农业现代化的若干意见》（2014）	在落实农村土地集体所有权的基础上，稳定农户承包权、放活土地经营权，允许承包土地的经营权向金融机构抵押融资。鼓励有条件的农户流转承包土地的经营权
《关于加大改革创新力度加快农业现代化建设若干意见》（2015）	引导土地经营权规范有序流转，创新土地流转和规模经营方式，积极发展多种形式适度规模经营
《关于落实发展新理念加快农业现代化实现全面小康目标的若干意见》（2016）	加强对土地流转和规模经营的管理服务；完善"三权"分置办法；稳妥有序推进农村承包土地的经营权抵押贷款试点

（续）

文件名称（年份）	主要内容
《中共中央　国务院关于完善农村土地所有权承包权经营权分置办法的意见》（2016）	明晰土地产权关系，完善农村土地所有权、承包权、经营权分置；促进土地资源合理利用，构建新型农业经营体系，发展多种形式适度规模经营
《中共中央　国务院关于深入推进农业供给侧结构性改革加快培育农业农村发展新动能的若干意见》（2017）	通过经营权流转、股份合作、代耕代种、土地托管等多种方式，加快发展土地流转型、服务带动型等多种形式规模经营；积极引导农民在自愿的基础上，通过村组内互换并地等方式，实现按户连片耕种
《关于实施乡村振兴战略的意见》（2018）	完善农村承包地"三权"分置制度，在依法保护集体土地所有权和农户承包权的前提下，平等保护土地经营权。农村承包土地经营权可以依法向金融机构融资担保、入股从事农业产业化经营
《关于坚持农业农村优先发展做好"三农"工作的若干意见》（2019）	健全土地流转规范管理制度，发展多种形式农业适度规模经营，允许承包土地的经营权担保融资
《中共中央　国务院关于全面推进乡村振兴加快农业农村现代化的意见》（2021）	坚持农村土地农民集体所有制不动摇，坚持家庭承包经营基础性地位不动摇，有序开展第二轮土地承包到期后再延长30年试点，保持农村土地承包关系稳定并长久不变，健全土地经营权流转服务体系
《中共中央　国务院关于做好2023年全面推进乡村振兴重点工作的意见》（2023）	引导土地经营权有序流转，发展农业适度规模经营。总结地方"小田并大田"等经验，探索在农民自愿前提下，结合农田建设、土地整治逐步解决细碎化问题

（二）农业社会化服务的政策演变

　　农业社会化服务体系是指在家庭承包经营的基础上，为农业产前、产中、产后各个环节提供服务的各类机构和个人所形成的网络与组织系统，包括物资供应、生产服务、技术服务、信息服务、金融服务、保险服务，以及农产品的包装、运输、加工、贮藏、销售等内容（孔祥智等，2009）。农业社会化服务有农业服务、农业生产性服务、农业现代服务、服务农业的生产性服务、现代农业服务等表述，最常见的是农业社会化服务和农业生产性服务。农业社会化服务和农业生产性服务内容大致相同，只是强调的着重点不同。前者强调服务的系统性、配套性，更专注公益性服务，而后者强调农业服务供给的市场化和产业化，强调的焦点在服务创造价值（姜云长，2016）。农业社会化服务概念的提出早于农业生产性服务，本书根据阶段性发展特点使用此概念，不严格区分二者的差异。加快发展农业生产性服务业，对于培育农业农村经济新业态，构建现代农业产业体系、生产体系、经营体系具有重要意义。加快培育各类农业服务组织，大力开展面向广大农户的农业生产性服务，是推进现代农业建设的历史任务。改革开放以来，在党和政府的高度重视下，我国农业社会化服务体系建设取得了快速发展，服务主体多元化、服务内容多层次、供给模式多形式、服务机制多样化的格局基本形成，对于现代农业发展起到了重要推动作用。本书梳理了改革开放以来有关农业社会化服务的相关政策文件，参考高祥和孔祥智（2013）的研究将其划分为以下几个发展阶段。

1. 农业社会化服务内涵探索阶段（1978—1989 年）

农业社会化服务是解放和发展农村生产力的重要手段。1978—1989年，我国开始提出农业社会化服务的概念，但对其内涵并未做出科学地界定（表 3-6）。1982 年中央 1 号文件在农业技术推广机构改革的基础上，提出要强化农业服务。1983 年中央 1 号文件首次提出了"社会化服务"的概念，指出"当前，各项生产的产前产后的社会化服务，诸如供销、加工、贮藏、运输、技术、信息、信贷等各方面的服务，已逐渐成为广大农业生产者的迫切需要"。需要注意的是此时的社会化服务聚焦在产前和产后环节，并未包含产中服务。1984 年中央 1 号文件从加速实现社会主义农业现代化的高度，提出"必须动员和组织各方面的力量，逐步建立起比较完备的商品生产服务体系，满足农民对技术、资金、供销、储藏、加工、运输和市场信息、经营辅导等方面的要求。这是一项刻不容缓的任务。它是商品生产赖以发展的基础，是合作经济不可缺少的运转环节，也是国家对农村经济实行计划指导的重要途径。"1985 年的中央 1 号文件在改革农产品统派购制度基础上，提出"科研推广单位、大专院校及城市企业，可以接受农村委托的研究项目，转让科研成果，提供技术咨询服务，或者与商品基地及其他农村生产单位组成'科研—生产联合体',共担风险,共沾利益。"1986 年的中央 1 号文件将"组织产前产后服务"作为农村工作总要求之一,并提出"农民对服务的要求也是各式各样的,不同内容、不同形式、不同规模、不同程度的合作和联合将同时并存",对服务供给方式与形式做出明确要求。

表 3 - 6　1978—1989 年相关的政策及其主要内容

文件名称（年份）	主要内容
《当前农村经济政策的若干问题》（1983）	当前，各项生产的产前产后的社会化服务，诸如供销、加工、贮藏、运输、技术、信息、信贷等各方面的服务，已逐渐成为广大农业生产者的迫切需要
《关于一九八四年农村工作的通知》（1984）	必须动员和组织各方面的力量，逐步建立起比较完备的商品生产服务体系，满足农民对技术、资金、供销、储藏、加工、运输和市场信息、经营辅导等方面的要求
《关于进一步活跃农村经济的十项政策》（1985）	科研推广单位、大专院校及城市企业，可以接受农村委托的研究项目，转让科研成果，提供技术咨询服务，或者与商品基地及其他农村生产单位组成"科研—生产联合体"共担风险，共沾利益
《关于一九八六年农村工作的部署》（1986）	农村商品生产的发展，要求生产服务社会化。因此，完善合作制要从服务入手。我国农村商品经济和生产力的发展，在地区之间、产业之间是参差不齐的，农民对服务的要求也是各式各样的，不同内容、不同形式、不同规模、不同程度的合作和联合将同时并存

2. 农业社会化服务体系逐步建立阶段（1990—2007 年）

1990—2007 年,我国逐步确立农业社会化服务体系发展框架,经过不断完善,农业社会化服务体系日趋成熟(表 3 - 7),对现代农业发展起到了举足轻重的作用。1990 年《关于一九九一年农业和农村工作的通知》中首次提出"农业社会化服务体系"的概念,并且将服务主体确定为"合作经济组织、国家经济技术部门和其他各种服务性经济实体"。1991 年,《国务院关于加强农业社会化服务体系建设的通知》中对农业社会化服务给予了明确的定义,即"农业社会化服务是包括专业经济技术部门、乡村合作经济组织和社会其他方面为农、林、牧、副、渔各业发展所提供的服务。包括物资供应、生产服务、技术服务、信息服务、金融服务、保险服务，以及农产品的运输、加工、贮藏、销售等各个方面。"2003 年发布的《中共中央关于完善社会主义市场经济体制若干问题的决定》强调了农业社会化服务的责任与发展方向，将农业社会化服务体系建设定位为深化农村改革、完善农村经济体制的重要手段之一。2004—2007 年，4 个中央 1号文件再次对深化农业科技推广体系改革和建设做出明确部署，提出通过公益性服务与经营性服务相结合的方法，完善农技推广的社会化服务机制。这一时期，我国高度重视农业科技创新与技术进步在提高农业综合生产能力上的积极作用，着重建设农业科技创新与技术推广体系。

表 3-7　1990—2007 年相关的政策及其主要内容

文件名称（年份）	主要内容
《关于加强农业社会化服务体系建设的通知》（1991）	农业社会化服务是包括专业经济技术部门、乡村合作经济组织和社会其他方面为农、林、牧、副、渔各业发展所提供的服务。包括物资供应、生产服务、技术服务、信息服务、金融服务、保险服务，以及农产品的运输、加工、贮藏、销售等各个方面
《农业部等部门关于稳定基层农业技术推广体系意见的通知》（1999）	农业技术推广体系是农业社会化服务体系和国家对农业支持保护体系的重要组成部分，是实施科教兴农战略的重要载体
《中共中央关于完善社会主义市场经济体制若干问题的决定》（2003）	健全农业社会化服务、农产品市场和对农业的支持保护体系。深化农业科技推广体制和供销社改革，形成社会力量广泛参与的农业社会化服务体系
《关于进一步加强农村工作提高农业综合生产能力若干政策的意见》（2004）	以推进科技进步为支撑，以健全服务体系为保障，力争经过几年的努力，使农业的物质技术条件明显改善，土地产出率和劳动生产率明显提高，农业综合效益和竞争力明显增强
《关于推进社会主义新农村建设的若干意见》（2005）	要加快农业技术推广体系改革和建设，积极探索对公益性职能与经营性服务实行分类管理的办法，完善农技推广的社会化服务机制
《关于积极发展现代农业扎实推进社会主义新农村建设的若干意见》（2006）	继续加强基层农业技术推广体系建设，健全公益性职能经费保障机制，改善推广条件，提高人员素质。推进农科教结合，发挥农业院校在农业技术推广中的积极作用

（续）

文件名称（年份）	主要内容
《关于切实加强农业基础建设进一步促进农业发展农民增收的若干意见》（2007）	加强农业科技和服务体系建设是加快发展现代农业的客观需要。必须推动农业科技创新取得新突破，农业社会化服务迈出新步伐，农业素质、效益和竞争力实现新提高。切实加强公益性农业技术推广服务，对国家政策规定必须确保的各项公益性服务，要抓紧健全相关机构和队伍，确保必要的经费。按照求实效、重服务、广覆盖、多模式的要求，整合资源，共建平台，健全农村信息服务体系

3. 农业社会化服务体系完善及革新阶段（2008 年以来）

随着农业结构调整向纵深推进，统筹城乡建设力度的不断加大，迫切需要进一步深化改革与创新服务，构建新型农业社会化服务体系，以顺应经济社会发展的阶段性变化和建设社会主义新农村的要求。2008 年以来，多政策、多举措推动了服务领域拓展、服务机构建设完善和服务体系创新（表 3-8）。2009 年中央 1 号文件对"增强农村金融服务能力"做出明确部署。2013 年中央 1 号文件提出"构建农业社会化服务新机制，大力培育发展多元服务主体"，并从强化农业公益性服务体系、培育农业经营性服务组织和创新服务方式和手段三方面做出具体部署。2017 年 8 月，农业部、国家发展改革委、财政部联合印发了《关于加快发展农业生产性服务业的指导意见》。该文件对农业生产性服务业作了明确的内涵界定，将之定义为"农业生产性服务业是指贯穿农业生产作业链条，直接完成或协助完成农业产前、产中、产后各环节作业的社会化服务"。农业社会化服务可以解决农业生产中小农户干不了、做不好的问题，成为小农户与现代农业有机衔接的重要手段。2018 年 9 月，中共中央、国务院印发了《乡村振兴战略规划（2018—2022 年）》，提出"大力培育新型服务主体，加快发展'一站式'农业生产性服务业"，强化农业生产性服务业对现代农业产业链的引领支撑作用。《关于全面推进乡村振兴加快农业农村现代化的意见》中指出"发展壮大农业专业化社会化服务组织，将先进适用的品种、投入品、技术、装备导入小农户"。2022 年中央 1 号文件强调"聚焦关键薄弱环节和小农户，加快发展农业社会化服务，支持农业服务公司、农民合作社、农村集体经济组织、基层供销合作社等各类主体大力发展单环节、多环节、全程生产托管服务，开展订单农业、加工物流、产品营销等，提高种粮综合效益。"

表 3-8 2008 年以来相关的政策及其主要内容

文件名称（年份）	主要内容
《中共中央　国务院关于 2009 年促进农业稳定发展农民持续增收的若干意见》（2008）	鼓励和支持金融机构创新农村金融产品和金融服务，大力发展小额信贷和微型金融服务
《中共中央　国务院关于加大统筹城乡发展力度进一步夯实农业农村发展基础的若干意见》（2010）	健全农业气象服务体系和农村气象灾害防御体系。推动家庭经营向采用先进科技和生产手段的方向转变，推动统一经营向发展农户联合与合作，形成多元化、多层次、多形式经营服务体系的方向转变
《关于加快推进农业科技创新持续增强农产品供给保障能力的若干意见》（2011）	培育和支持新型农业社会化服务组织。通过政府订购、定向委托、招投标等方式，扶持农民专业合作社、供销合作社、专业技术协会、农民用水合作组织、涉农企业等社会力量广泛参与农业产前、产中、产后服务
《关于加快发展现代农业进一步增强农村发展活力的若干意见》（2012）	建设中国特色现代农业，必须建立完善的农业社会化服务体系。要坚持主体多元化、服务专业化、运行市场化的方向，充分发挥公共服务机构作用，加快构建公益性服务与经营性服务相结合、专项服务与综合服务相协调的新型农业社会化服务体系。强化农业公益性服务体系，培育农业经营性服务组织，创新服务方式和手段
《关于加快发展农业生产性服务业的指导意见》（2017）	农业生产性服务业是指贯穿农业生产作业链条，直接完成或协助完成农业产前、产中、产后各环节作业的社会化服务。要以服务农业农民为根本，以推进农业供给侧结构性改革为主线，大力发展多元化多层次多类型的农业生产性服务，带动更多农户进入现代农业发展轨道，全面推进现代农业建设
《乡村振兴战略规划（2018—2022 年）》（2018）	大力培育新型服务主体，加快发展"一站式"农业生产性服务业，强化农业生产性服务业对现代农业产业链的引领支撑作用
《关于全面推进乡村振兴加快农业农村现代化的意见》（2021）	发展壮大农业专业化社会化服务组织，将先进适用的品种、投入品、技术、装备导入小农户

（续）

文件名称（年份）	主要内容
《关于做好2022年全面推进乡村振兴重点工作的意见》（2022）	聚焦关键薄弱环节和小农户，加快发展农业社会化服务，支持农业服务公司、农民合作社、农村集体经济组织、基层供销合作社等各类主体大力发展单环节、多环节、全程生产托管服务，开展订单农业、加工物流、产品营销等，提高种粮综合效益
《关于做好2023年全面推进乡村振兴重点工作的意见》（2023）	实施农业社会化服务促进行动，大力发展代耕代种、代管代收、全程托管等社会化服务，鼓励区域性综合服务平台建设，促进农业节本增效、提质增效、营销增效

二、我国土地规模经营和服务规模经营发展现状及特点

（一）土地规模经营发展现状及特点

1. 土地流转面积及其占比总体上呈上升趋势

图3-1是2006—2021年我国土地流转的面积和比例的时间趋势图。从图中可以看出，我国农村土地流转经历了由"缓慢增长"到"快速增长"，再到短暂的"回温下降"，最后到达"恢复增长"的阶段。在2008年以前，中国农村土地流转发展缓慢，绝对水平较低，流转耕地的面积占全国家庭承包经营耕地面积的比例维持在5%左右。2008年以后，一方面我国从政策上开始推动土地流转，发展农业规模经营。另一方面，伴随着城镇化的快速发展，农村富余劳动力开始由农村进入城市，农业兼业化经营程度不断提升。在政策和需求的双重推动下，2008年以后我国农村土地流转市场越发活跃，流转面积与流转比例持续攀升。2018年土地流转面积为5.39亿亩，流转比例为36.78%。这意味着，我国家庭承包经营耕地面积的三分之一以上不是由原来的承包农户耕种的。2019年和2020年土地流转出现了短暂的回温，流转面积和流转比例分别由2019年的5.55亿亩、35.9%回落至2020年的5.32亿亩、34.08%。但2021年出现

了恢复增长。目前，相对于我国的经济发展水平，我国城镇化水平明显偏低。2020 年我国人均 GDP 为 10 610 美元，位列中高收入水平经济体行列，接近高收入经济体门槛，但我国常住人口城镇化率仅为 63.89%，虽然高于 56.2%的世界平均水平，但低于 67.6%的中高收入经济体的平均水平，更低于 81.8%的高收入经济体的平均水平。可以预测，未来我国城市化率将进一步提高，这也意味着有更多的农村人口要进入城市，农村土地流转的供给和需求将进一步扩大，土地流转比例还存在较大的提升空间。

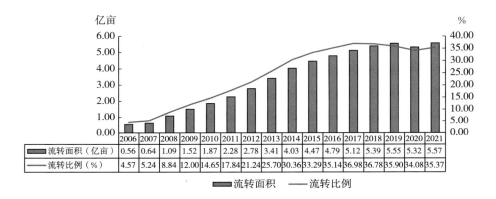

图 3-1　2006—2021 年我国土地流转面积及其占比

数据来源：历年《中国农村政策与改革统计年报》。

注：2018 年全国家庭承包经营耕地面积的缺失由其前后两年的均值进行填补，下同。

2. 土地流转方式以出租和转包为主

我国土地流转的主要形式有转让、出租、转包、互换、入股等。转让是指承包方将其拥有的未到期的土地承包经营权以一定的方式和条件转移给他人。出租是指承包方作为出租方，将自己承包期内的部分或全部土地的承包经营权以一定期限租赁给他人从事农业生产经营，并收取租金。转包是指承包方将自己承包期内承包的部分或全部土地的承包经营权以一定期限转给同一集体经济组织的其他农户从事农业生产经营。互换是指土地承包经营权人将自己的土地承包经营权交换给他人行使，自己行使从他人处换来的土地承包经营权。土地入股是指在承包期内，承包方将土地承包经营权量化为股份，以股份入股形式与他人共同生产，按股进行分红。表 3-9 为 2006—2021 年我国土地流转的方式变化。从表中可以看出，我国土地流转的主要形式是出租和转包，其占比由 2006 年的 75.52% 增至 2021 年的 88.63%。而转让、互换形式的土地流转比例有所下降，入股形式的比例基本维持在 4%～6% 之间。

表 3-9　2006—2021 年我国土地流转方式的变化（%）

年份	转让	出租和转包	互换	入股	其他
2006	8.84	75.52	4.84	4.61	6.19
2007	8.33	77.89	4.52	3.83	5.42
2008	6.25	80.27	4.24	4.43	4.81
2009	4.54	78.58	4.39	5.42	7.07
2010	5.01	77.97	5.13	5.96	5.93
2011	4.43	78.12	6.41	5.58	5.46
2012	3.95	78.19	6.47	5.89	5.50
2013	3.27	78.54	6.18	6.94	5.07
2014	2.96	79.72	5.83	6.72	4.77
2015	2.79	81.33	5.39	6.08	4.41
2016	2.69	82.23	5.36	5.10	4.63
2017	2.82	80.88	5.79	5.81	4.70
2018	2.74	81.09	5.79	5.47	4.90
2019	3.04	80.37	5.04	5.96	5.59
2020	2.55	89.25	3.53	5.50	5.25
2021	2.56	88.63	2.75	5.42	5.95

数据来源：历年《中国农村政策与改革统计年报》。

注：表中 2006 年至 2016 年的出租和转包面积为出租面积＋转包面积。2017 年开始统计口径发生变化，将转包与出租放在一起统计。

3. 土地主要流向农户

图 3-2 是 2009 年至 2021 年流转入不同主体的土地面积。可以看出，期间土地转入主体的面积由多到少依次是农户、合作社、企业。2009 年，流转入农户的土地面积为 1.09 亿亩，流转入合作社的土地面积为 0.13 亿亩，流转入企业的面积为 0.13 亿亩，分别占比 71.60%、8.87% 和

8.87％。之后，虽然流转入农户的土地面积在增加，但是其占比在逐年缩小，2021年为48.27％。相反，流转入合作社和企业的面积占比在逐年增加，2021年流转入合作社的面积占比为20.46％，流转入企业的面积占比为10.13％。以上分析可以看出，目前我国的土地流转主要是发生在农户和农户之间，农户依然是农业经营的主体。罗必良（2014）的调查显示，土地流转主要对象是小农户，占比高达89.68％。近年，伴随合作社自身的发展以及政策支持导向，流转入专业合作社的土地面积上升较快，我国农村土地流转在一些地区正慢慢趋于规模化和组织化。

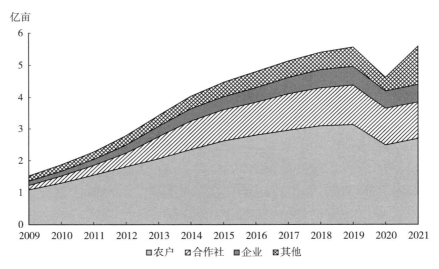

图3-2　2009—2021年流转向不同主体的土地面积

数据来源：历年《中国农村政策与改革统计年报》。

4. 土地流转呈现"小农复制"现象

从图3-1和图3-2可以看出，总体上，无论是我国土地流转的面积还是比例都呈现出逐年上升的趋势，且流转的土地主要转向了农户。土地流转一直被视为土地规模经营的主要方式，那么上述土地流转是不是促进了大规模经营农户的产生呢？将农户按照经营面积分为10亩以下、10～30亩、30～50亩、50～100亩、100～200亩以及200亩以上共6组，2009—2021年不同规模的农户数量如表3-10所示。可以看出，从结构上来看，10 亩以下的农户数量最多，占 80% 以上，随着土地规模的扩张，农户数量越来越少。从时间趋势上来看，2009—2021 年各个规模下的农户数量均有所增加，其结构特征并未伴随土地流转的发展而发生改变，即经营面积在 10 亩以下的小农户的占比依然占 80% 以上。通过上述分析可以看出，现阶段的土地流转，并未催生规模农户的生成，而是停留在"小农户复制"的困境当中。可见，如若单靠土地流转并不能实现农业规模经营，这也是为什么要发展多种形式规模经营的原因之一。

表 3-10　2009—2021 年不同规模的农户数量（户）

年份	10 亩以下	10～30 亩	30～50 亩	50～100 亩	100～200 亩	200 亩以上
2009	19 023.6	2 762.8	582.3	189.5	60.8	23.8
2010	22 387.4	2 825.2	609	201.2	48.8	23.3
2011	22 659.3	2 819.3	611.4	197.1	53.2	25.7
2012	22 523.3	2 741.8	603.5	204.9	56.9	25.7
2013	22 666.4	2 711.8	673.6	225.8	62.9	28.9
2014	22 815.7	2 703.4	691.5	235.5	75	31.2
2015	22 931.7	2 760.6	695.4	242.3	79.8	34.5
2016	22 968	2 814.4	700.6	251.9	87.7	36.6
2017	23 098	2 864	722.8	267.5	93.3	41.3
2018	23 313.6	2 867.9	730	272.6	97.9	43.3
2019	23 661.7	2 966.7	707.5	283.6	104.9	47.2
2020	23 210.3	2 922.9	700.8	291.7	109.4	50.6
2021	23 227.7	2 883.9	692.4	293.4	109.2	50

数据来源：历年《中国农村政策与改革统计年报》。

5. 土地流转规范程度有待进一步提高

在农村，农户土地流转多以人情契约、口头协议来支撑，缺乏明确的法律效力，当发生土地流转纠纷时，农户往往选择非法律手段给予解决，严重制约其土地流转期限和流转规模。随着农户法律意识的提高，不论是流转入户还是流转出户，签订流转合同的比例均大幅提升（马贤磊等，2015）。图 3-3 是我国土地流转合同签订情况。从图中可以看出，2006 年至 2021 年签订的合同数量持续增加，特别是 2009 年至 2017 年期间，增速较高。签订流转合同的土地流转面积占比在 2009 年至 2021 年期间，整体呈波动上升趋势。2009 年，签订合同的流转面积占总流转面积的比例为 53.18％，2021 年增加至 69.23％。

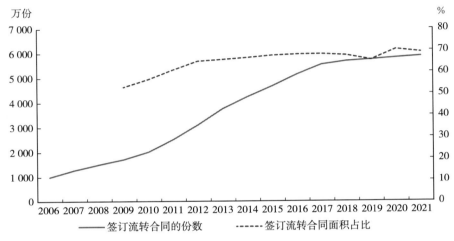

图 3 - 3　2006—2021 年流转合同签订情况

数据来源：历年《中国农村政策与改革统计年报》。

注：签订流转合同面积从 2009 年开始统计。

尽管签订书面合同的比例在增加，但基本都是处于无组织性地盲目开展的状态，主要是群众自发进行，缺乏各级政府部门和单位有效地组织和引导，程序上仍然不规范，特别是流转双方权责不明确，流转合同的签订流于形式且规范性和可操作性不高，土地流转纠纷频发。表 3 - 11 是 2012 年至 2021 年我国土地流转纠纷数量。首先，在受理土地承包及流转纠纷总量上，土地流转纠纷数量先减少后增加，2021 年占比为 31.95％。其次，在土地流转纠纷主体上，以农户与农户之间的纠纷为主，占 70％左右，农户与村组织集体间的纠纷约占 15％，农户与其他主体间的纠纷约占 15％。此外，缺乏土地流转服务机构和流转平台，土地流转的供求信息不能及时有效沟通，转出方找不到转入方，土地流转供给需求脱节。

表 3-11　2012—2021 年我国土地流转纠纷数

年份	合计(件)	占比(%)	与农户间(件)	占比(%)	与村组织集体间(件)	占比(%)	与其他主体间(件)	占比(%)
2012	67 683	30.91	50 291	74.30	9 578	14.15	7 814	11.54
2013	74 314	33.43	56 175	75.59	10 153	13.66	7 986	13.66
2014	91 660	36.15	72 521	79.12	10 193	11.12	8 946	11.12
2015	109 717	32.61	86 897	79.20	13 456	12.26	9 364	12.26
2016	107 973	28.31	83 832	77.64	13 566	12.56	10 575	12.56
2017	103 587	28.23	78 461	75.43	14 410	13.91	10 716	13.91
2018	96 556	27.80	72 831	71.09	13 834	14.33	9 891	14.33
2019	80 554	29.05	57 263	71.09	13 643	16.94	9 648	16.94
2020	62 475	30.84	44 217	70.78	9 143	14.63	9 115	14.63
2021	56 922	31.95	40 705	71.51	7 660	13.46	8 557	13.46

数据来源：历年《中国农村政策与改革统计年报》。

6. 需要警惕流转地用途"非粮化"

所谓"粮安天下"，我国对粮食安全的重视由来已久。土地流转被视为缓解土地细碎化、提高家庭劳动力配置效率、提高人均粮食产出的关键因素。因而，伴随土地流转的发展，有望激发规模效应，提高种粮经济效益，从而促进农户种粮积极性。从图 3-4 可以看出，伴随我国农村家庭承包耕地流转面积的增加，2011 年到 2014 年，流转土地用于种植粮食作物的面积占比逐年增加。但是随后开始减少，直至 2019 年这一比例减少到 53.16%。随着农业劳动力机会成本的提高和社会投资主体的进入，大规模土地流转抬高了租地价格（全世文等，2018），压缩粮食生产的利润空间，使农户转而选择种植经济作物等增加利润以覆盖高成本。耕地变大棚、变家畜饲养场，耕地上建农业生态园、果蔬采摘基地等现实中的"非粮化"甚至"非农化"事实无处不在（田鹏，2017；胡新艳等，2021；邓祥征等，2005）。这不仅给严守 18 亿亩耕地红线和确保 16.5 亿亩粮食播种面积的目标带来压力，还对粮食安全构成威胁。近几年，粮食安全问题愈发受到重视。2021 年 12 月中央经济工作会议重申中国人的饭碗任何时候都要牢牢端在自己手中。2022 年中央 1 号文件也明确指出，粮食生产要确保播种面积与产量稳定，饭碗里要装中国粮。2023 年中央 1 号文件再次提出要全力抓好粮食生产，确保全国粮食产量在 1.3 万亿斤[*]以上，要稳住面积，全方位夯实粮食安全根基，实施"藏粮于地，藏粮于技"战略。2020 年开始，流转面积中种粮比例有所回升。

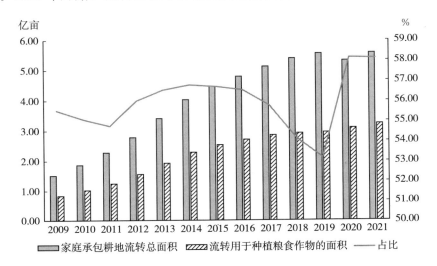

图 3-4　2009—2021 年种植粮食作物面积占流转总面积的比重

数据来源：历年《中国农村政策与改革统计年报》。

（二）服务规模经营发展现状及特点

1. 农业机械化水平不断提高

农机社会化服务是农业机械化进程发展到一定阶段的产物，是在家庭联产承包责任制下中国小规模土地实现农业机械化的可行路径（刘凤芹，2003）。机械化作业是产中环节农业生产性服务的重要内容，是服务规模经营发展的内在要求，其水平可以反映服务规模经营发展程度。农业机械设备的总动力是衡量农业机械化水平的主要指标之一。本书整理了改革开放后我国农业机械总动力变动态势（图 3-5），以此揭示农业机械化水平

---

　　*　斤为非法定单位，1 斤＝500 克。——编者注

发展特点。1978—2015 年，我国的农业机械总动力逐年攀升，由
11 749.91 万千瓦上升至 111 728.07 万千瓦。2015 年至 2016 年，我国农
业机械总动力在短暂下跌之后又恢复了增长态势，但是增速放缓。随着农
村改革的不断深入，市场经济的进一步发展对农业机械化的促进作用提
升。农户积累了一定的购机资本，有能力购买农业机械替代人工劳动，小
农户逐步成为农业机械的需求主体，由此加快了农业机械替代人工劳动参
与农业生产的步伐。随着农业劳动力向非农行业流动的持续加速，农户对
农业机械作业的需求也急剧增加。加之 21 世纪以来，以农机跨区作业为
主的农机社会化服务的迅速发展，为农机市场提供了质优价廉的农机作业
服务，完成资本积累的农户可以选择自购农机，而资本受限的农户则可以
选择通过购买农机作业服务实现机械化，大大提高了我国农业机械化整体
水平。此外，在国家一系列政策的加持下，如农机采购补贴措施，各地农
机装备量迅速增加，客观上推动了农业机械总动力的稳步增长。随着国内
经济的发展，我国农业到达了一个相对稳定的状态，农机设备新增需求放
缓，农业机械总动力增长幅度有限。

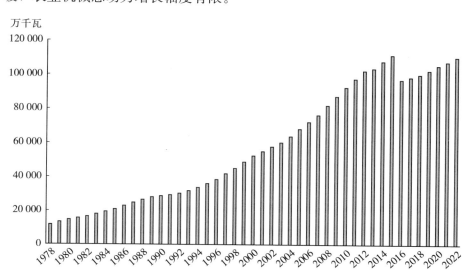

图 3 - 5　1978—2022 年我国农业机械总动力变化

数据来源：历年《中国农村统计年鉴》。

2. 农用机械类型由小型向大中型转变

从我国农用大中型拖拉机和小型拖拉机的数量上来看（图3-6），小型拖拉机数量整体上呈现先增加后减少的态势，由1978年的1 373 000台增加到2011年的18 112 663台，之后出现下滑，2022年我国农用小型拖拉机数量为16 186 963台。大中型拖拉机的数量一直保持平稳的增长，2018年出现短暂下降后，又恢复了增长的趋势。

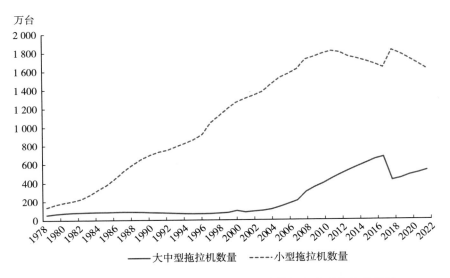

图3-6　1978—2022年我国农用大中型拖拉机和小型拖拉机数量

数据来源：历年《中国农村统计年鉴》。

虽然从数量上看，小型拖拉机的数量一直领先大中型拖拉机，但是从动力来看（图3-7），2004年开始，大中型拖拉机的总动力快速提高，到2014年首次反超小型拖拉机，成为推动我国农业机械化发展的主要源动力。2004年对于农业机械化发展来说是很重要的一年，当年不仅颁布了首部农业机械化相关法律《中华人民共和国农业机械化促进法》，而且随后出台了一系列实施细则和条例，极大推动了农业机械化发展。家庭联产承包责任制的施行，使农户分散的小规模生产不具备使用大型农机具的条件。而伴随着土地流转，大规模经营逐渐形成，大中型农业机械比小型农业机械更适宜大规模作业生产模式，由此促进了大中型农业机械的发展。
综上分析，我国农用机械类型由小型向大中型转变，保有方式从自购小型
农机到购买大中型农机服务转变。

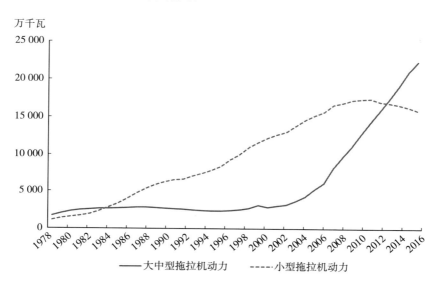

图 3-7　1978—2017 年我国农用大中型与小型拖拉机动力变化

资料来源：历年《中国农村统计年鉴》。

注：2018 年开始统计口径发生变化，因此只整理了 2018 年以前的数据。

3. 农机跨区作业增长停滞

农业机械设备跨区域使用是农机服务的主要方式之一。农机跨区作业
的含义是指个人或组织拥有的各类农机设备跨地域进行作业（县级以上地
域），并收取一定的服务费用的行为（杨大伟等，2003）。中国地域面积辽
阔，各地区农作物的种植、生产和成熟期存在显著的时间差，为农机跨区
作业提供了天然的条件。2000 年国家出台了《联合收割机扩区作业管理暂
行办法》，跨区作业逐渐发展起来。农机跨区作业的模式减小了家庭经营规
模小和投资能力弱的影响，克服了区域、行政的限制，使偏远地区的农民
能够接触、应用先进的农机，从而实现资源优化配置（杨印生等，2004）。

2008 年至今，我国的农业跨区作业面积经历了由增到减的过程

（表 3-12）。2008—2013 年，我国农机跨区作业的面积由 24 090.85 千公顷增加到 36 719 千公顷。这一时期，伴随城镇化的迅速发展，农村劳动力大量流失，农业雇工成本上升。购买农机服务不仅可以通过替代劳动力降低生产成本，还可以提升农业综合生产能力，提高产量，而且购买服务可以避免因购买农机带来的沉没成本。因此，农户对农机服务的需求越来越高涨，为农机跨区作业发展提供了先决条件。2014 年之后，跨区作业面积开始减少，2021 年回落到 20 603.04 千公顷。产生这一现象的原因一方面可能是全国范围内农机购机补贴力度逐步加大，各地农机保有量显著增长，本地农机服务市场越发活跃。另一方面，本地农机手与服务对象同处于熟人社会中，彼此之间有信任关系，本地农机手比跨区农机手更具有竞争优势，从而使农机跨区作业市场逐步萎缩，农机跨区作业面积不断减少。

同时，从表 3-12 中可以看出，跨区机耕面积、机播面积同样经历了先增加后减少的发展阶段。从跨区作业的服务环节结构来看，机收面积所占的比例最高，其次是机耕和机播。农机跨区作业服务的环节是从机收开始的，逐步延伸至机耕、机播和机插等多环节，之后向全程化、一条龙服务转变。

表 3-12　2008—2021 年我国农机跨区作业服务环节（千公顷）

年份	跨区作业面积	跨区机耕面积	跨区机播面积	跨区机收面积
2008	24 090.85	4 047.06	1 726.22	18 159.96
2009	27 416.27	4 466.65	1 748.24	20 612.49
2010	28 841.49	4 888.84	1 846.70	21 460.96
2011	32 924.25	5 070.12	2 242.76	25 025.60
2012	34 295.88	5 753.70	2 579.77	24 952.30
2013	36 719.00	6 767.00	3 085.00	26 005.00
2014	29 721.00	5 939.00	2 818.00	17 676.00
2015	25 770.33	5 264.75	2 575.27	16 522.92
2016	23 386.95	4 428.57	2 159.91	15 803.42
2017	22 049.37	4 163.60	2 016.65	14 881.14
2018	20 711.78	3 898.62	1 873.38	13 747.55

（续）

年份	跨区作业面积	跨区机耕面积	跨区机播面积	跨区机收面积
2019	20 478.65	3 833.18	1 946.79	13 708.08
2020	19 899.67	3 751.84	1 979.58	13 356.73
2021	20 603.04	3 847.24	2 067.32	13 844.57

数据来源：历年《中国农业机械工业年鉴》。

4. 农机社会化服务主体由增量到结构调整

从 2008—2020 年我国农机服务组织及人员变化的相关统计数据可发现（表 3-13），农业机械化作业服务组织、农机专业合作社的数量整体上呈现不同程度的上升趋势。2008 年我国农业机械化作业服务组织数量为 16.56 万个，年末从业人员数仅有 72.60 万人。2020 年数量增至 19.48 万个，人数达到 212.24 万人，约为 2008 年的三倍。这一时期农机专业合作社的规模增长最为突出。2008 年我国农机专业合作社为 8 622 个，人数为 10.65 万人，2019 年虽然略微下滑，但是到 2020 年仍保有 7.54 万个，人数为 145.84 万人。农业机械户的数量和人数经历了先增长后减少的发展阶段。2008 年机械户数量为 3 833.04 万个，人数为 4 576.02 万人，持续增长到 2015 年达到高峰后开始下滑。2020 年，机构数量为 3 995.44 万个，人数为 4 751.78 万人。可以看出，在农业机械户减少的同时，农业机械化作业服务组织和农机专业合作社仍保持增长，这在一定程度上表明农业社会化服务主体从增量发展阶段转变为内部结构调整阶段，服务供给的组织化程度在逐步提高。

5. 农业生产托管服务环节及服务农户情况

2018 年的《中国农村经营管理年报》披露了我国农业生产托管服务情况。数据显示，2018 年我国农业生产托管服务的总面积为 13.84 亿亩，比上年增长了 52.7%。其中，耕地环节的服务面积为 4.09 亿亩，种地环节为 3.18 亿亩，防治环节为 2.72 亿亩，收获环节为 3.86 亿亩，分别比上年增长了 52.5%、61.6%、67.1%、38.3%。2018 年农业生产托管服务耕、种、防、收环节面积分别占服务总面积的 29.5%、23%、19.6% 和 27.9%（图 3-8）。可见，目前生产环节的农业生产性服务主要以种和收环节为主，防治环节比例较低。农业生产服务的主要对象是小农户，目的是做好小农户"干不了、做不好"的事情，使小农户与现代农业有机衔接，加速推动农业现代化发展进程。

表3-13 2008—2020年我国农机服务组织及农机户数量及人员变化

| 年份 | 农业机械化作业服务组织 | | 农业机械户 | | 农机专业合作社 | |
	年末机构数（个）	年末人数（人）	年末机构数（户）	年末人数（人）	年末机构数（个）	年末人数（人）
2008	165 636	726 035	38 330 442	45 760 183	8 622	106 524
2009	175 329	869 343	39 403 370	47 181 189	14 902	255 307
2010	171 465	1 019 040	40 589 009	49 280 988	21 760	433 013
2011	170 572	1 194 947	41 110 833	50 883 923	27 848	582 182
2012	167 038	1 449 088	41 923 428	52 089 183	34 429	817 774
2013	168 574	1 707 905	42 386 670	52 531 135	42 244	1 097 240
2014	175 124	1 894 761	42 910 686	53 321 633	49 435	1 292 166
2015	182 453	1 992 980	43 369 276	53 722 156	54 000	1 367 226
2016	187 301	2 080 737	42 297 510	52 892 865	63 184	1 449 388
2017	187 358	2 135 990	41 845 496	52 677 718	68 007	1 524 006
2018	191 526	2 139 837	40 803 574	51 327 520	72 640	1 527 066
2019	192 173	2 133 223	40 741 551	51 278 956	74 438	1 514 215
2020	194 845	2 122 428	39 954 397	47 517 839	75 449	1 458 475

数据来源：历年《中国农业机械工业年鉴》。

注：因2008年后统计数据口径发生变化，2021年没有统计该指标，因此仅列出2008年至2020年的数据。

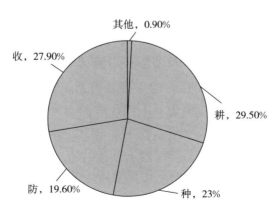

图3-8 2018年我国农业生产托管服务耕、种、防、收环节面积比例

数据来源：2018年的《中国农村经营管理年报》。

6. 产前、产中、产后环节的农业生产性服务供给情况

农民专业合作社是农业生产性服务的主要供给主体之一，2018 年《中国农村经营管理年报》按服务内容对农民专业合作社进行了数量统计。产加销一体化服务的合作社数量为 101.10 万个，占合作社总量的 53.4%；生产服务为主的合作社数量为 54.56 万个，占合作社总量的 28.8%；购买服务为主的合作社数量为 5.60 万个，占比 3.1%；仓储服务为主的合作社数量为 1.61 万个，占比 0.9%；运销服务为主的合作社数量为 3.86 万个，占 2.0%；加工服务为主的合作社有 3.83 万个，占 2.0%；其他经营服务类型的合作社有 18.27 万个，占 9.7%。从合作社这一服务供给主体来看，农业生产性服务主要以产销一体化和生产服务为主，产前的购买服务及产后的仓储服务和运销服务比例较低。

三、调查区域农户农业规模经营的现状

本部分以 2021 年 6—12 月在辽宁省展开的调查所获得数据为基础，分析了调研农户的农业规模经营现状。调研共回收 1 106 份问卷，剔除数据缺失严重和关键变量存在异常值或缺失的样本后，有效问卷 1 076 份。首先，从土地流转的范围、期限、合同签订情况，农户土地经营的规模、集中度，生产的专业化程度等方面对农户土地规模经营进行分析；其次，从采纳农业生产性服务的情况、服务购买费用及交易成本方面分析农户服务规模经营现状；最后，分析了农户双规模经营模式的采纳情况。

（一）农户土地规模经营现状

1. 农户土地转入情况

土地是农业生产的第一生产要素。无论是小农户还是种植大户，要想实现土地规模经营就需要依靠大量的土地资源，转入土地是农户获得土地最直接有效的方式。图 3-9 为农户转入土地情况，包括是否转入土地及

转入土地的规模。如图所示，调研农户中，转入土地的农户数量为 426，占样本总量的 39.59%，没参与土地转入的农户占样本总量 60.41%。进一步地，转入土地面积为 70 亩以上的农户最多，占比达 12.45%；其次是转入 10～30 亩的农户，占比 11.99%；转入 10 亩以下的农户占 6.78%；转入 30～50 亩的农户占 5.96%；转入 50～70 亩的占 2.42%。整体上，辽宁省玉米种植户和水稻种植户参与土地转入较多，且流转土地规模较大。原因是户均承包地规模较小，加之种粮收益较低，大部分农户选择扩大经营面积，提高农业收入。

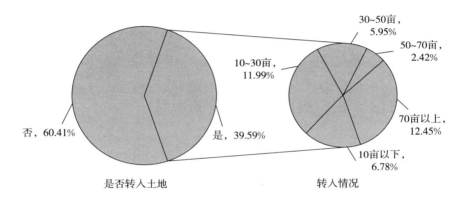

图 3-9　农户土地转入情况

数据来源：根据 2021 年 6—12 月的调查数据由作者整理而得，下同。

2. 农户土地流转范围及方式

考虑到连片专业化生产及土地流转的交易成本，大多数农户会优先选择在村集体内部进行土地流转。由表 3-14 可知，在转入土地的 426 户农户中，从亲戚手中转入土地的有 208 户，占 48.83%；从村民小组成员中转入土地的有 115 户，占 27%；从林场转入土地的有 4 户，占 0.94%；从农业经营组织中转入土地有 4 户，占 0.94%。农户转入土地的方式方面，426 户农户中，有 113 户选择转包方式，占 26.53%；有 11 户选择转让的方式，占 2.58%；有 299 户选择租赁的方式，占 70.19%；有 3 户选择代耕的方式，占 0.70%。以上分析可以看出，目前农户土地流转的范围、方式略显单一，流转范围仍局限于亲朋好友之间、同村范围内，流转方式主要是转包和租赁。农村土地流转存在市场信息不畅通、缺少流转平台、流转程序不规范等问题，这都加大了土地流转的成本。应进一步加强土地流转市场建设，扩大土地流转范围，使土地流转方式多样化，促进土地资源的合理配置。

表 3 - 14　土地流转范围及方式

变量	选项	样本量（户）	比例（％）	变量	选项	样本量（户）	比例（％）
转入来源	亲戚	208	48.83	转入方式	转包	113	26.53
	村民小组	115	27.00		转让	11	2.58
	普通农户	65	15.26		租赁	299	70.19
	村委会	30	7.04		代耕	3	0.70
	林场	4	0.94				
	经营组织	4	0.94				

3. 农户土地流转期限

土地经营权是否稳定会对农户生产行为造成巨大的影响，短期的土地经营权会导致农户进行掠夺式经营，而长期且稳定的土地经营权会促使农户对土地资源进行改善及投资。对农户土地流转期限的调查结果如下表 3 - 15 所示。从表中能够看出，流转期限为 1～3 年的有 293 户，占了 68.78％；3～5 年的有 48 户，占比 11.27％；5～10 年的有 42 户，占比 9.86％；10～15 年的有 7 户，占比 1.64％；15 年及以上的有 36 户，占比 8.45％。不难发现目前农户转入土地主要以短期为主，以此来规避地租变动的风险，并且减少农业生产固定成本，但是也会对农户的长期投资行为及生产行为产生负面影响。

4. 农户土地流转合同签订情况

土地流转合同的签订可以规范农村土地流转，稳定农村土地承包关系，切实维护土地流转双方的合法权益。从农户土地流转合同签订情况的调查结果（表 3 - 15）可以看出，转入土地的 426 户农户中，没有任何约定的有 51 户，占 11.97％；口头约定的为 205 户，占 48.12％；签订书面合同的有 170 户，占 39.91%。上述数据表明，农户在进行土地流转时，60% 左右采取了非正式合约的形式，应该加强农户的法律意识，规范土地流转程序。

表 3-15 农户土地流转期限及合同签订情况

变量	类型	样本量（户）	比例（%）	变量	类型	样本量（户）	比例（%）
租赁年限	1~3 年	293	68.78	合同类型	无约定	51	11.97
	3~5 年	48	11.27		口头约定	205	48.12
	5~10 年	42	9.86		书面合同	170	39.91
	10~15 年	7	1.64				
	15 年及以上	36	8.45				

5. 农户土地经营规模集中度

表 3-16 是农户土地经营特征的调查结果，包括土地规模、集中度及专业化水平。从表中可以看出，耕地面积在 10 亩以下的有 153 户，占 14.22%；10~30 亩的有 504 户，占 46.84%；30~50 亩的有 170 户，占 15.80%；50~100 亩的有 112 户，占 10.41%；100 亩以上的有 137 户，占 12.73%。这与 2021 年全国土地经营规模结构（表 3-10）并不一致，说明辽宁省土地规模经营水平高于全国平均水平。原因在于：一是本书主要调研的对象是玉米和水稻种植户，相较于经济作物，粮食作物更适合发展适度规模经营；二是辽宁省较为丰富的土地资源为农业规模经营提供了支撑条件。

家庭经营地块数可以衡量土地集中程度。从表 3-16 中可以看出，家庭经营土地地块数在 5 块以下的农户有 796 户，占比最多，达 73.99%；地块数在 6~10 块有 209 户，占样本总量的 19.42%；地块数在 11~15 块的农户有 32 户，占 2.97%；15 块以上的有 39 户，占比 3.62%。土地流转被视为在家庭联产承包责任制不变的前提下，缓解土地细碎化的重要手段。但是，需要主要的是，如若农户所转入的土地与自家土地不相邻，上述效果是无法达到的。因此，通过土地流转推动农业规模经营发展时，不仅要关注农户家庭土地经营规模，还要关注家庭土地经营的集中度是否得以提高，否则"规模不一定经济"。

农户对自家耕地的平整程度评价如表 3-16 所示。认为自己耕地平整程度较好的有 888 户，占 82.53%；认为自己耕地平整程度较差的有 188 户，占 17.48%。整体上看，大部分农户的耕地平整程度相对较好。而土地越平整，越有利于机械作业，进而有助于扩大农户家庭土地经营规模。

6. 农户农业生产的专业化水平

实现农业规模经济，不单单要依靠土地的大规模经营，还需要关注生产的专业化。如果在一块大面的土地上，生产数十种作物，那么并不会产生"规模经济"。本书以农户种植的作物种类来衡量农户进行专业化生产的程度，种植一种作物的有 852 户，占 79.18%；种植两种作物的有 190 户，占 17.66%；种植三种及以上作物的农户有 34 户，占 3.16%。可以看出，大部分农户还是倾向种植单一作物，这样更有利于生产要素的集中统一利用，可以更有效地通过横向分工促进效率提升。

表 3-16　土地经营特征

变量	类型	样本量（户）	比例（%）	变量	类型	样本量（户）	比例（%）
耕地面积	10 亩及以下	153	14.22	经营耕地地块	5 块及以下	796	73.98
	10~30 亩	504	46.84		6~10 块	209	19.42
	30~50 亩	170	15.80		11~15 块	32	2.97
	50~100 亩	112	10.41		15 块以上	39	3.62
	100 亩以上	137	12.73	作物种类	一种	852	79.18
耕地平整程度	较好	888	82.53		两种	190	17.66
	较差	188	17.47		三种及以上	34	3.16

（二）农户服务规模经营现状

1. 农户采纳生产性服务情况

小农户扩大生产经营规模往往需要与之相匹配的机械要素，相比自购农机，购买生产性服务能减少农业投资。表 3-17 是农户生产性服务采纳情况调研结果。从表中可以看出，有898户采纳了农业生产性服务，占总样本的83.46%。其中，740户采纳了整地环节的服务，占68.77%；667户采纳了播种环节的服务，占68.77%；483户采纳了打药环节的服务，占44.89%；83户采纳了追肥环节的服务，占7.71%；33户采纳了灌溉环节的服务，占3.07%。因为本书主要分析农户生产环节的生产性服务采纳情况，所以产前和产后的服务并未纳入。从上述数据可以看出，目前农户的生产性服务采纳主要集中在整地、播种环节，即劳动密集型生产环节。相对而言，施肥、打药、灌溉等技术密集型生产环节的服务采纳较少。可能的原因在于，技术密集型生产环节的服务质量不好检测，以及其对产量的影响较大，容易产生纠纷，因而这类服务的需求和供给都较少。

表3-17　生产性服务购买数量及参与情况

变量	选项	样本量（户）	比例（%）
是否采纳	否	178	16.54
	是	898	83.46
采纳环节	整地	740	68.77
	播种	667	61.99
	打药	483	44.89
	追肥	83	7.71
	灌溉	33	3.07

2. 农户购买生产性服务费用及交易成本

采纳服务的费用和交易成本可以衡量其卷入服务规模经营的程度。由于家庭土地经营规模不同会导致费用差值巨大，因而本书采用服务亩均购买服务费用对经营规模的影响进行描述性统计分析。由表3-18可以看出，在采纳农业生产性服务的农户中，亩均购买生产性服务费用在100元以下的农户较多，有605户，占样本总量的56.23%；其次是花费在100～200元的农户，有183户，占样本总量的17.01%。调查农户中，有256户认为获取服务信息比较简单，占35.24%；而有487户认为获取信息较为困难，占 64.76%。可以看出，大部分农户面临较高的服务交易成本。

表 3-18　生产性服务购买费用及交易成本

变量	类别	样本量（户）	比例（%）
生产性服务购买费用	未购买	178	16.54
	100 元以下	605	56.23
	100～200 元	183	17.01
	200～300 元	48	4.46
	300～400 元	27	2.51
	400 元以上	35	3.25
获取服务信息的难易程度	简单	265	35.24
	困难	487	64.76

注：获取服务信息的难易程度这一指标只在 2021 年 12 月份的调查中涉及，总样本为 752 户。

（三）农户双规模经营现状

将农户规模经营分成土地规模经营（只转入土地）、服务规模经营（只采纳生产性服务）和双规模经营（既转入土地又采纳生产性服务）。调研区域的农业规模经营方式结构如表 3-19 所示。在调研的 1 076 户农户中，采用土地规模经营的有 77 户，占总样本的 7.16%；采用服务规模经营的有 549 户，占 51.02%；采用双规模经营的农户有 349 户，占 32.44%；没有进行规模经营的农户有 101 户，占 9.39%。可以看出，仅转入土地的农户较少，且转入土地的农户大部分还采纳了生产性服务。采取双规模经营方式的农户接近三成，这也提示我们要关注这一方式，有必要分析其生成的原因及效应。分地区来看，双规模经营方式占比最高的地区为铁岭的开原市，高达 63.78%；其次为盘锦的盘山县，占比 48.70%。而阜新的阜蒙县的双规模经营占比较低，为 14.64%。结果表明，各地区规模经营程度分布不均，发展水平有所差异，这是由不同地区的各要素配置之间的差异及市场不完善导致的。

表 3-19　农业规模经营方式占比（％）

	全样本	沈阳市		铁岭市		盘锦市		阜新市	
		新民市	辽中区	开原市	昌图县	盘山县	大洼区	彰武县	阜蒙县
非规模经营	9.39	7.89	10.08	0.00	9.93	6.09	1.36	12.18	24.20
土地规模经营	7.16	6.14	15.97	13.39	6.38	3.48	2.72	6.41	4.46
服务规模经营	51.02	57.89	28.57	22.83	59.57	41.74	76.19	55.77	56.69
双规模经营	32.44	28.07	45.38	63.78	24.11	48.70	19.73	25.64	14.65

四、本章小结

　　本章主要对农业规模经营发展的现状和特征进行分析。首先，梳理我国土地流转和农业生产性服务政策的演变。根据土地流转的政策文件，将我国的土地流转发展历程分成禁止（1978—1983 年）、限制性放开（1984—1993 年）、全面放开（1994—2003 年）、规范发展（2004—2012年）及深化改革（2013 年至今）五个发展阶段。根据农业生产性服务相关的政策文件，将我国农业社会化服务发展分为内涵探索（1978—1989年）、体系构建（1990—2007 年）、体系完善和革新（2008 年至今）三个阶段。其次，利用宏观数据，从土地流转的面积、方式、对象、市场及用途等方面，分析我国土地规模经营发展的现状。分析结果显示土地流转面积及其占比总体上呈上升趋势，土地流转方式以出租和转包为主，流转对象主要是农户且呈现"小农复制"现象，土地流转规范程度有待进一步提高，需要警惕流转地用途"非粮化"。第三，聚焦农业机械化的水平和类型、跨区作业情况、农机社会化服务主体发育、农业生产托管服务等方面，分析我国农业规模经营发展现状。分析结果显示农业机械化水平不断提高，农用机械类型由小型向大中型转变，农机跨区作业增长停滞，农机社会化服务主体由增量到结构调整，生产环节的农业生产性服务主要以种和收环节为主，防治环节比例较低。最后，利用调研数据，揭示调查区域农户土地规模经营、服务规模经营以及双规模经营的特点。调研结果显示，39.59％的农户转入土地，大多数农户选择在村集体内部进行土地流转，且主要以短期流转为主。60％左右的流转土地农户采取了非正式合约的形式。服务规模经营方面，83.46％的样本农户采纳了农业生产性服务，主要集中在整地和播种环节。调研区域有近三成的农户采取双规模经营方式。

农户双规模经营方式的
收入协同效应分析

　　农民问题是中国"三农"问题的核心，而收入问题是农民问题的核心，也是关系到脱贫攻坚成果巩固、共同富裕实现的关键。近年来，在一系列强农惠农政策的扶持下，中国农户收入水平持续增长。但是，随着经济下行压力加大，农民收入持续稳定增长的内在动力和后劲不足（王小龙和何振，2018）。与此同时，城乡二元结构特征依然显著，农村地区内部的收入差距有持续扩大趋势。如果经济增长的同时伴随着收入分配差距的扩大，则会使贫困群体从增长中获益少于非贫困群体，从而导致经济增长的减贫效应部分或全部地被增加的收入分配不平等所抵消（Bourguignon，2004；Kakwani，1980）。另一方面，伴随中国城镇化的快速发展，在巨大的城乡工资差距诱惑下，大量农村富余劳动力从"过密化"的农业中释放出来，进入城市生活工作。农村青壮年劳动力的流失导致土地抛荒撂荒现象严重、农业劳动力供给呈现老龄化和女性化趋势，农业陷入生产要素匮乏和农业生产效率损失的窘境。农村留守劳动力维持传统经营方式已难以保证农户收入的持续增长（陈宏伟和穆月英，2019）。农业规模经营作为具备现代化特征的生产经营方式，在农业提质增效、农户增收、保障粮食安全等方面具有重要作用。土地规模经营和服务规模经营是农业规模经营的两条路径，土地流转和农业生产性服务外包是农户参与土地规模经营和服务规模经营的主要方式。土地规模经营和服务规模经营的核心要素——土地和生产性服务不是替代要素，而是互补性要素（杨子等，2019），前者带来的横向分工专业化与后者带来的纵向分工专业化具有分工整合效应（江雪萍，2017），宏观上，我国的规模经营要走"土地＋服务"的二元规模化道路（胡凌啸，2018）。可见，理论上，土地规模经营和服务规模经营存在着相互影响而又相互合作的关系，即双规模协同；在现实中，一些农户既采取了土地规模经营方式，又采取服务规模经营方式（以下简称"双规模经营"）。那么，双规模经营在作用于农户收入时是否可以发挥"1＋1＞2"的协同效应？作用机制是什么？这些问题尚需运用实践经验予以检验。

综上所述，本章结合协同效应、分工经济等相关理论，构建双规模经营对农户收入影响分析的理论框架，揭示双规模对农户收入的影响机理，采用中国辽宁省的 4 个城市、64 个村庄、1 106 份玉米和水稻种植户的调研数据，构建倾向得分匹配模型（PSM）、分位数处理效应（QTE）实证分析双规模经营方式对农户收入的影响效应，并进一步探讨了其异质性影响和作用机制。本研究具有重要的理论和现实意义。理论上，本研究构建了基于双规模视角分析农业规模经营对农户收入影响的理论框架，并联合使用多种计量模型，揭示农业规模经营对农户收入的影响效应和作用机制，为相关研究提供了新的研究思路。在实践中，本研究的结论可为相关部门制定及优化农业规模经营发展的政策提供理论依据，有效促进农业规模经营对提高农户收入、缩小收入差距的作用的发挥，为脱贫攻坚成果巩固、共同富裕实现提供了参考。

一、理论分析与假说提出

本章以土地规模经营和服务规模经营的内涵为逻辑起点，基于分工视角，分析了二者协同的机理及其对农户收入的影响，并提出研究假说。分工经济强调，分工深化才是绩效改善的根源。伴随土地规模经营形成的横向分工和伴随服务规模经营形成的纵向分工是提高农户收入的根本动力。土地规模经营主要通过土地流转的方式，促进农业生产专业化，实现横向分工经济，获得"内部规模经济"；服务规模经营则强调同一种作物在不同生产环节上的可分性，形成不同生产环节的纵向专业化分工，农户通过生产性服务外包卷入纵向分工，从而获得"外部规模经济"（罗必良，2014）。

土地规模经营和服务规模经营之间是什么关系？理论与实践显示，二者并不是互斥、割裂的关系，而是相互作用、相互影响的协同关系。理论上，二者的协同源于分工整合效应，具体表现为：土地规模经营是服务规模经营的前提，服务规模经营支撑土地规模经营的发展。分工的形成并不是没有条件的，分工受限于市场容量（Smith，1776）。Young（1928）进一步指出，市场规模及网络效应同样会影响分工（即"杨格定理"）。在农业领域，分工的市场容量由纵向分工中的交易频率与横向分工中的交易密度表达（罗必良，2017）。其中，横向分工将离散的服务需求聚合，满足不同服务环节的服务规模要求，由此诱导不同生产环节的服务主体进入，促进服务外包市场的形成与发育，即土地规模经营是服务规模经营的前提。对北美的一项研究表明，大规模农场的服务外包远比小规模农场普遍（Allen 等，2002）。同时，横向分工对市场容量的生成又起到反向的促进作用，即与作物品种相关联的社会化服务外包市场发育越成熟，越能够促进农户种植品种决策的同质化发展。因为考虑到便捷地获取低成本的生产性服务，以及享受销售、保险和金融等非生产性服务以抵御自然风险和市场风险，农户可能更倾向于调整种植决策，保持彼此间种植品种的一致性。Ji 等（2017）的研究显示农机作业服务可获得性低的作物会由于劳动成本高而被放弃，即服务规模经营支撑土地规模经营发展。实践中，土地流转和农业生产性服务外包是微观农户参与土地规模经营和服务规模经营的主要方式，很多农户在土地转入[①]的同时外包了生产性服务，即采取双规模经营方式。

双规模经营是农户有效利用资源的一种方式。农户作为理性的"经济

---

① 在中国现行农地制度框架下，土地规模经营需要依靠土地流转实现，虽然土地转出为土地转入提供了条件，但农户转入土地的行为逻辑决定了土地规模经营能否实现。因此，本书关注的是农户土地流转中的转入行为。

人"，是否采用双规模经营的方式是在家庭收入最大化目标下，基于自身特征、家庭特征、经营特征及外部环境做出的决策。因而，农户采取了双规模经营方式，其实也就肯定了其增收效果，但是其作用于农户收入的路径是什么呢？双规模经营会通过两条路径影响农户收入。一方面，双规模经营可以促使农户自购农机或进行农机服务外包，二者均会提高农业生产的机械化水平，从而置换出富余劳动力，为农户通过非农就业等渠道增加工资性收入创造空间，增加农户非农就业收入。另一方面，双规模经营可以拓宽农户生产效率边界，进而提高农户农业经营性收入。双规模经营对农业生产效率的影响如图 4-1 所示，横轴为土地经营规模，纵轴为农业产出和生产成本，Q 和 C 分别是初始状态下的农户农业生产函数和成本函数，S_0 为农户家庭承包地面积。由于中国农业人口众多而耕地资源有限，导致农户的实际生产规模大多小于最优生产规模。当边际成本等于边际收益时，农户利润最大，成本函数 C 的平行线 h_1 与生产函数 Q 相切于 A 点，最优土地规模为 S_1。在家庭收入最大化目标下，农业生产能力强的农户会在土地流转市场转入一定数量的土地，调整土地经营规模以匹配家庭劳动力规模。然而，一部分农户受限于自身资本、劳动力、技术等禀赋的约束，难以达到最优经营面积以发挥土地规模经营经营的优势，造成潜在的收益损失。农户进行服务外包后，受益于服务外包正外部性产生的技术、知识外溢效应，扩展了农户农业生产的技术可能性边界，生产函数从 Q 移动到 Q_1。同时，生产性服务外包的成本优势降低了农户农业生产成本，成本函数从 C 移动到 C_1。此时，成本函数 C_1 的平行线 h_2 与生产函数 Q_1 相切于 B 点，最优土地规模进一步扩大到 S_2。由此可得，双规模经营可以使农户达到甚至拓宽最优经营边界，从而提高农业经营性收入。

综上所述，可以提出以下研究假说：

H1：双规模经营可以提高农户收入水平。

H2：双规模经营的增收效应大于土地规模经营或服务规模经营的单一方式。

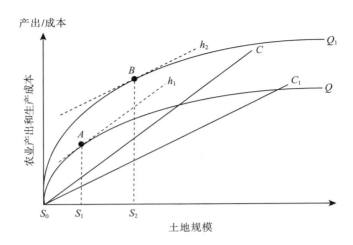

图 4-1 双规模经营对农业生产效率的影响

然而，随着农村经济社会结构转型的深入推进及城乡融合关系的深化，我国农户分化进程明显提速，探讨双规模经营的收入效应时不能把农户当作均质性的组织形式。由于农户要素禀赋、个人能力上的异质性，并非所有农户都可以均等地从规模经营中获益。低收入农户受到家庭可支配收入的约束，资本要素投入受限，导致其无法转入土地或尽管转入土地但无法达到最优土地经营规模，从而造成收入潜在损失。因此，相比于低收入农户，土地规模经营更有利于促进较高收入农户的收入增长，造成农村内部收入差距扩大（韩菡和钟甫宁，2011；Adamopoulos 和 Restuccia，2014）。同理，劳动力要素投入受限，也会造成收入潜在损失，导致土地规模经营不利于劳动力禀赋较差的农户收入水平的提高。另一方面，农机服务外包可以缩小劳动力禀赋差异（Zhang 等，2017），代替自家购买农机，减少农业直接投资。可见，双规模经营也会对不同资本和劳动力禀赋的农户带来异质性影响。由此提出以下假说：

H3：双规模经营对于不同资本禀赋的农户存在异质性影响。

H4：双规模经营对于不同劳动力禀赋的农户存在异质性影响。

综上所述，本书构建了分析农户生产经营的双规模协同的机理、双规模协同促农增收机制的理论框架，如图4-2所示。

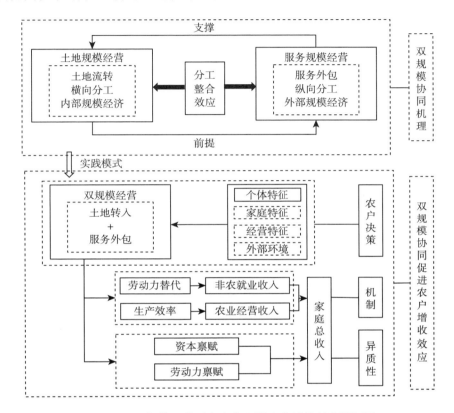

图4-2　双规模经营对农户收入影响分析的理论框架图

二、数据来源与模型设定

（一）数据来源

本研究的数据来源于课题组于2021年6—12月开展的调查研究。调研分为预调研和正式调研两个阶段。在预调研阶段，分别在沈阳市辽中区和法库县随机选取10个农户进行问卷调查，并对村主任、村支书进行了访谈，根据实际情况对问卷进行了修改和完善，以提高问卷设计的合理性和准确性。在正式调研阶段，采用多层随机抽样方法选择样本。具体地，综合考虑地区经济发展水平、土地资源禀赋差异、玉米和水稻产量，选取阜新市、沈阳市、铁岭市、盘锦市 4 个城市，每个城市随机抽取 2 个区县，每个区县随机抽取 2 个乡镇，每个乡镇随机抽取 4 个村，在每个村随机选择 10～20 名玉米和水稻种植农户。问卷内容包括农户家庭的户主基本特征、家庭特征、农业生产经营情况等方面。主要对户主或主要参与农业生产决策的家庭成员进行"一对一"访谈，问卷由调研员进行填写。最终获取辽宁省 4 个城市、8 个区县、64 个村庄共 1 106 份问卷，为保障数据的准确性，剔除数据缺失严重和关键变量存在异常值或缺失的样本，有效问卷为 1 076 份，问卷有效率为 97.29％。调查样本分布如下表 4-1 所示。

表 4-1 数据来源区域分布情况

市	县	镇	村
沈阳（233）	辽中区（119）	六间房	八家子、六间房、马三家子、马龙
		牛心坨	李胡岗、榆树底、牛心坨、西房身
	新民市（114）	法哈牛	东升堡、新安、李家套、法哈牛
		公主屯	五家子、关家窝堡、水口、石庙子
铁岭（268）	昌图县（141）	老城	光明、胜利、长山堡、张家炉
		宝力	宝力农垦三分场、尹家、西苇子、英桃
	开原市（127）	八宝	北花楼、北英城、和顺、马圈子
		庆云堡	双楼台、河西、老虎头、高家窝棚
盘锦（262）	盘山县（115）	胡家	坨子、朱家、甜坨、田家
		太平	仙水、八间、孙家、常家
	大洼区（147）	唐家	四十里、袁家、陈家、杜家
		榆树	兴旺社区、尤家、榆树、西榆
阜新（313）	阜蒙县（157）	大板	各力格、大板、山岳、朝阳寺
		沙拉	上等皋、六家子、朝代营子、朱家洼子
	彰武县（156）	丰田	双龙、四间房、杏山、苏己
		双庙	三台子、双庙、杜家、白家

注：括号内为调查区域样本数量。

（二）模型设定

1. 基准回归

本研究的主要目的是确定双规模经营对农户家庭收入的影响。如果双规模经营与潜在结果无关，则参数可以准确衡量双规模经营对收入的因果效应。首先，不考虑由样本自选择带来的内生性问题，直接采用 OLS 回归分析双规模经营对农户收入的影响。具体表达式为：

$$\ln Y_i = \beta_0 + \beta_{1i} T_i + \beta_{2i} X_i + \varepsilon_i \qquad (4-1)$$

Y_i 为农户家庭收入水平，进行对数化处理，T_i 为农户双规模经营决策，设为虚拟变量 $T_i = \{0, 1\}$，表示农户 i 是否参与双规模经营，$T_i = 1$ 为参与，$T_i = 0$ 为未参与。X_i 为控制变量，共包括四组，分别为生产决策者特征变量组、农户家庭特征变量组、农业经营特征变量组和外部环境变量组。β 为待估计参数，ε 为随机扰动项。

2. 倾向得分匹配（PSM）

农户是否参与双规模经营是其基于预期收益分析的自选择，存在一些因素同时影响着农户的双规模经营决策与收入状况，比如村级耕地面积、教育覆盖度、村集体耕地调整等。这意味着，能否准确识别双规模经营对农户收入的影响，关键要解决由样本"自选择"带来的内生性问题。PSM 通过匹配再抽样的方法使观测数据尽可能接近随机试验数据，最大程度减少观测数据的偏差，从而能有效解决由样本"自选择"造成的有偏估计问题。因此，本书采用 PSM 模型估算双规模经营方式对农户家庭总收入影响的平均处理效应（Average Treated Effect on the Treated，ATT）。

PSM 估计由三个阶段来完成。第一阶段，计算倾向得分 p_i。农户双规模经营的决策可以用离散选择模型表示，利用 logit 模型估计每个农户双规模经营的条件概率拟合值，即倾向得分。第二阶段，进行样本配对。logit 模型的控制变量和样本配对过程中的协变量选取生产决策者特征、农户家庭特征、农业经营特征和外部环境 4 组变量。理论上存在多种匹配方法，且不同方法得到的结果是渐进一致的。但实践中，由于不同匹配算法产生的共同支撑域不同，致使匹配样本不同程度的损失及处理组样本选择不同对照组样本进行了匹配，导致不同方法的结果存在差异。本书采用最近邻匹配等五种匹配方法，将结果进行比较。第三阶段，采用匹配估计量测算 ATT。ATT 定义为：

$$ATT = E(Y_{1i} - Y_{0i} | T_i = 1) = E(Y_{1i} | T_i = 1) - E(Y_{0i} | T_i = 1)$$

$$(4-2)$$

上式中，Y_i 为农户家庭收入水平，T_i 为农户双规模经营决策，设为虚拟变量 $T_i = \{0, 1\}$，$T_i = 1$ 为参与，$T_i = 0$ 为未参与。如果能够同时观察到一个家庭在参与和不参与双规模经营时的收入 Y_{1i}、Y_{0i}，那么它们的差值即为双规模经营对农户收入的净影响。然而，现实中如果农户 i 参与双规模经营，则我们只能观察到 $E(Y_{1i} | T_i = 1)$，其反事实收入 $E(Y_{0i} | T_i = 1)$ 是观测不到的。可以使用 PSM 方法构造 $E(Y_{0i} | T_i = 1)$ 的替代指标。

同时，采用 OLS 作为基准回归，将其估计结果与 PSM 模型的结果进行对比，探讨内生性对结果的影响。

3. 分位数处理效应（QTE）

OLS、PSM 模型测算的都是平均效应，而我们更想知道的是双规模经营方式对于不同收入水平农户的异质性影响，尤其是对收入分布下尾端（lower-tail）的干预效应。此时就需要采用分位数处理效应（Quantile Treatment Effect，QTE）来测算分布效应。同时，我们更关注无论个体基本特征、家庭特征与外部环境如何，双规模经营方式对于整体家庭收入分布的无条件影响。因此本书构建无条件分位数的处理效应模型（Unconditional Quantile Treatment Effect，UQTE），并采用 RQR（Residualized Quantile Regression）模型来进行估计。

QTE 被定义为：

$$QTE^{\tau} = Q^{\tau}_{Y_{1i}} - Q^{\tau}_{Y_{0i}} \qquad (4-3)$$

上式中，$Q^{\tau}_{Y_{1i}}$ 和 $Q^{\tau}_{Y_{0i}}$ 表示给定处理和未处理条件下潜在结果下的分位

数 τ 的值。

RQR 模型建立在一个简单的事实之上，即如果处理是随机的，CQR 可以估计 QTE。因此，需要找到一种方法，根据观察到的控制变量随机化处理变量。RQR 可以通过以下两步方法估计 UQTE：

第 1 步：使用 OLS 对控制变量的处理变量进行回归并获得残差。

考虑以下模型，其中 T 是处理变量，X 是观察到的混杂因素，即控制变量，δ_0 为截距项，e_i 为随机扰动项。

$$T_i = \delta_0 + \delta_1 X_i + e_i \qquad (4-4)$$

在这种情况下，混杂因素 X 仅在处理变量 T 中引起线性位置变化。假设这个简单的模型，我们可以使用简单的 OLS 模型计算残差 $\widetilde{T}$

$$\widetilde{T}_i = T_i - \hat{T}_i = \delta_0 + \delta_1 X_i + e_i - \delta_0 + \delta_1 X_i = e_i \qquad (4-5)$$

第 2 步：使用 CQR 算法对残差处理变量的结果变量进行回归。

在对可观察量的选择和正确指定的模型下，第一步清除混杂的处理变量，确保第二步的处理可忽略性。因此，处理的残差允许包括控制变量（在第一步中）来解释混杂，而不改变系数作为 QTE 的解释（在第二步中）。第二步，使用线性规划方法估计系数（Koenker，2005；Hao 和 Naiman，2007）。

（三）变量选取

1. 被解释变量

收入（Y）。我们关心的是双规模经营对农户家庭总收入的影响。因此，本书的被解释变量定义为 2020 年的家庭可支配总收入，包括工资性收入、经营性收入（农业经营性收入和非农经营性收入）、财产性收入和转移性收入四部分。此外，为了验证双规模经营对收入的作用机制，定义家庭非农就业收入为家庭工资性收入和非农经营收入之和。为了剔除家庭规模对收入的影响，本书采用人均收入水平。同时，为了使收入变量更接近正态分布，减少异方差，采用了对数形式。

2. 核心解释变量

双规模经营决策（T）。核心解释变量是农户双规模经营决策，将其设为变量，农户参与双规模经营赋值为 T＝1，农户没有参与双规模经营赋值为 T＝0。需要说明的是，本书通过农户土地转入行为、农业生产性服务的产中服务外包行为考察农户规模经营决策。具体地，将只转入土地的农户视为土地规模经营，只进行生产性服务外包的则视为服务规模经营，既转入土地又外包服务的视为双规模经营。如此安排主要基于以下几点考虑：第一，在我国现行土地制度框架下，土地规模经营需要依靠土地流转实现，虽然土地转出为土地转入提供了条件，但农户转入土地的行为逻辑决定了土地规模经营能否实现。第二，广义的农业生产性服务（农业社会化服务）是指社会经济组织或个人为农业产前、产中、产后各环节提供的支持服务（龚道广，2000；孔祥智等，2012）。但是，通过实地调查发现，相较于产前和产后服务，产中服务对农户的生产经营决策起到更为关键的作用。因此，本书对农业生产性服务的考察主要聚焦于农业生产环节中的产中服务外包，包括整地服务、播种（插秧）服务、施肥服务、打药服务、灌溉服务。第三，农业生产经营主体虽不是服务规模经营的主体，但也可以通过服务采纳参与服务规模经营并分享外部规模经济，同时，实现生产机械化、集约化，提高技术效率。生产性服务的供给并不等于农户的实际投入，只有当农户购买生产性服务时，才使其真正在生产经营中发挥作用。

3. 控制变量

参考相关文献（Gillespie 等，2010；陆岐楠等，2017；Ma 等，2018），选取农户个人特征、家庭特征、经营特征、外部环境特征 4 类变量作为控制变量。其中，个人特征变量包括性别、年龄、受教育程度及风险偏好；家庭特征变量包括劳动力数量、老年人比例及社会网络；经营特征变量包括承包地面积、生产性资产状况、耕地细碎化程度；外部环境特征变量包括遭受自然灾害情况和所在村庄区位特征。具体变量说明与赋值如表 4-2 所示。

表 4-2　变量定义与赋值

变量	赋值说明	处理组均值	对照组均值	差值
总收入	ln（家庭年收入/家庭总人数）	10.585	9.911	0.674***
农业经营性收入	ln（家庭农业年收入/家庭总人数）	10.201	9.116	1.085***
非农就业收入	ln（家庭非农业年收入/家庭总人数）	5.33	5.462	−0.132
年龄	按户主的实际年龄计算（年）	55.364	57.946	−2.582***
受教育年限	受教育年限（年）	8.272	8.213	0.059
健康状况	户主健康状况自我评价[①]	4.232	4.061	0.172***
风险偏好	在村里第一个尝试种植新品种的意愿[②]	3.424	3.451	−0.027
老年人数	家庭老年人数（65 岁以上）	0.481	0.675	−0.194***
资产	是否有借贷是（是=1；否=0）	0.384	0.337	0.047
社会网络	手机通讯录人数（大于 100=1，小于 100=0）	0.499	0.407	0.091***
土地面积	家庭承包地面积（亩）	15.900	18.016	−2.116*
作物种类	主要种植作物是否是水稻（是=1；否=0）	0.610	0.392	0.218***
	主要种植作物种类是否是玉米（是=1；否=0）	0.562	0.634	−0.073**
耕地地形	最大块耕地地形是否平地（是=1；否=0）	0.854	0.812	0.042*
耕地细碎化程度	耕地地块/家庭实际经营耕地总面积	0.166	0.498	−0.332***
农机资产	ln（家庭拥有农业机械价值）（元）	4.337	3.226	1.110***
自然灾害	农户所在村近 3 年是否有自然灾害（是=1；否=0）	0.696	0.693	0.003
区位特征	ln（村庄距离最近县城的距离）（千米）	2.818	2.795	0.023

注：①非常差=1；差=2；一般=3；好=4；非常好=5；
　　②非常不愿意=1；比较不愿意=2；无所谓=3；比较愿意=4；非常愿意=5；
　　*、**、***分别表示在 10%、5%、1%的水平上显著。

三、描述性统计分析

(一) 户主个体特征

农户的个体特征内容如表 4-3 所示。从户主的性别来看，男性有 1 040 人，占受访者总人数的 96.65%；女性有 36 人，占受访者总人数的 3.35%，这与户主男性较多的农村整体现状相一致。从年龄来看，年龄在 35 岁以下的样本农户占比 2.14%；年龄在 35~45 岁的样本农户占比 10.87%；年龄在 45~55 岁的样本农户占比 29.74%；年龄在 55~65 岁的样本农户占比 36.71%；年龄在 65 岁以上的样本农户占比 20.54%。可以看出，调研农户中 55 岁以上的农村劳动力约占 60%。从学历上看，受教育年限为 6~9 年的最多，共计 603 人，占 56.04%；受教育年限为 6 年以下的共 331 人，占比 30.76%；受教育年限为 9 年以上的共 142 人，占比 13.20%。从中可以观察出样本农户的受教育程度一半以上是九年义务教育水平，高等教育水平的比例很低。从受访者的身体健康情况来看，认为自身健康情况非常差的仅有 14 人，占比 1.30%；身体状况差的有 53 人，占比 4.93%；一般的有 134 人，占比 12.45%；自评身体状况好的有 468 人，占比 43.49%；自评身体状况非常好的有 407 人，占比 37.83%。整体上看，虽然从事农业生产的群众有老龄化的趋势，但绝大部分身体健康状况良好。通过"您愿意在村里第一个尝试种植新品种吗"衡量受访者的风险偏好，其中，非常不愿意尝试种植新品种农户有 106 人，占比 9.85%；比较不愿意尝试种植新品种农户有 228 人，占比 21.19%；中性态度的农户有 73 人，占比最低，为 6.78%；比较愿意尝试种植新品种的农户有 422 人，占比 39.22%；非常愿意尝试种植新品种的农户有 247 人，占比 22.96%。整体上看，风险完全偏好型农户占比较少，大多数是风险规避型和风险中立型农户。

表 4 - 3　户主个体特征

变量	分类	样本量（人）	比例（%）	变量	分类	样本量（人）	比例（%）
性别	男	1 040	96.66		非常差	14	1.30
	女	36	3.35		差	53	4.93
年龄	35 岁以下	23	2.14	健康状况	一般	134	12.45
	35~45 岁	117	10.87		好	468	43.49
	45~55 岁	320	29.74		非常好	407	37.83
	55~65 岁	395	36.71		非常不愿意	106	9.85
	65 岁以上	221	20.54		比较不愿意	228	21.19
教育年限	6 年以下	331	30.76	风险偏好	无所谓	73	6.78
	6~9 年	603	56.04		比较愿意	422	39.22
	9 年以上	142	13.20		非常愿意	247	22.96

（二）农户家庭特征

调查农户的家庭特征如表 4 - 4 所示。农户家庭人员数量方面，家庭成员人数为 2 人及以下的有 373 户，占 34.67%；人数为 3~5 人的共 618 户，占 57.44%；人数为 6 人及以上的共计 85 户，占 7.90%。总体上看，样本农户的家庭人口数是以 3~5 人为主的，家中有 6 人及以上的大规模家庭较少。家庭成员中从事农业生产人数为 1 人及以下的有 191 户，占总样本的 17.75%；2 人的有 356 户，占 33.09%；3 人的有 326 户，占 30.30%；4 人的有 187 户，占 17.38%；5 人及以上的有 1 户，占 1.49%。结合户主年龄分配比例可以看出，目前农业从事者多为家中年长的夫妻，年轻子女多在外务工，也有一部分的年轻子女参与到了农业生产中，但是比例较少。劳动力的数量不足、结构不合理将制约农户扩大土地经营规模，带来潜在的收益损失。手机通讯录人数反映家庭社会网络强弱，一般认为二者呈正相关关系。调查数据显示，有 56.32% 的农户手机通讯录人数超过 100 人。从受访者借款情况来看，家中有借款的仅有 379 户，占比 35.22%，64.78% 的农户没有借款。数据表明大部分农户还是积累了一部分资产，可以自负盈亏。从农户家庭是否持有农业机械来看，没有农业机械的农户家庭共计 629 户，占比 58.46％；持有农业机械的有 447 户，占总样本量的 41.54％。近年来，伴随小型农机具的研发与农机补贴力度的加大，农户自购农机的情况逐渐多起来。但大多数农户持有的都是拖拉机、打药机等小型农机，而旋耕机、收割机等大型农机具还是主要依靠购买农机服务实现。从受访者参加技术培训情况来看，没有参加技术培训的农户有 789 户，占总样本的 73.33％；参加过技术培训的农户有 287 户，占总样本量的 26.67％。调查农户中，非农就业的有 286 户，占比 26.58％；绝大多数的农户没有非农就业，占比 73.42％。非农就业比例低下的原因主要是非农就业市场的不景气，部分农户有非农就业的意愿，但是无法实现非农就业或者稳定的非农就业。

表 4 - 4　农户家庭特征

变量	分类	样本量（户）	比例（％）	变量	分类	样本量（户）	比例（％）
	2 人及以下	373	34.67	手机通讯录人数	≤100	606	56.32
	3 人	266	24.72		>100	470	43.68
家庭人口数	4 人	184	17.10	家中是否有借款	是	379	35.22
	5 人	168	15.61		否	697	64.78
	6 人及以上	85	7.90	是否持有农机	是	447	41.54
	1 人及以下	191	17.75		否	629	58.46
劳动力数量	2 人	356	33.09	是否参加农业培训	是	287	26.67
	3 人	326	30.30		否	789	73.33
	4 人	187	17.38	是否非农就业	是	286	26.58
	5 人及以上	16	1.49		否	790	73.42

（三）规模经营方式与收入的交叉分析

农户规模经营方式与收入的交叉分析结果显示（表 4 - 5），采用土地规模经营方式的有 77 户，占总样本的 7.16％；采用服务规模经营方式的有 549 户，占 51.02％；采用双规模经营方式的有 349 户，占 32.44％；没有进行规模经营的农户有 101 户，占 9.39％。非规模经营农户群体的总收入均值为 9.88，农业收入为 8.97，非农就业收入为 5.67；土地规模经营农户群体的总收入均值为 10.76，农业收入为 10.04，非农就业收入为 5.11；服务规模经营农户群体的总收入均值为 9.80，农业收入为 8.96，非农就业收入为 5.47；双规模经营农户群体的总收入均值为 10.59，农业收入为 10.20，非农就业收入为 5.33。将三种规模经营方式的家庭收入进行比较可以发现，采用土地规模经营方式的家庭总收入、农业经营收入、非农就业收入都略高于双规模经营方式，而此两种方式的家庭总收入和农业经营性收入均高于服务规模经营方式，非农就业收入则略低。但采取不同经营方式的农户的初始条件不完全相同，简单直接对比不同方式类型农户的收入情况是不准确的，无法避免"选择偏差"，因而下文将通过实证模型进一步分析。

表 4-5　农户规模经营方式与收入的交叉分析

	非规模经营	土地规模经营	服务规模经营	双规模经营
农户数量（户）	101	77	549	349
比例（%）	9.39	7.16	51.02	32.44
总收入	9.88	10.76	9.80	10.59
农业收入	8.97	10.40	8.96	10.20
非农就业收入	5.67	5.11	5.47	5.33

四、结果与分析

（一）基准回归结果

实证分析前，采用 VIF 检验对自变量进行多重共线性检验。结果显示，Mean VIF 为 1.94，说明自变量之间不存在多重共线性。双规模经营方式对农户家庭收入影响的估计结果如表 4-6 所示。模型 I 为 OLS 模型估计结果，且报告的是全体样本的平均处理效应；模型 II 是 PSM 模型估计结果，报告的是处理组的平均处理效应。在控制了户主基本特征、家庭特征、农业生产经营特征、外部环境特征的条件下，OLS 模型估计结果显示，双规模经营方式对农户总收入的影响在 1% 的显著性水平下显著为正，系数为0.436。表明在其他条件不变时，参与双规模经营会使农民的人均年收入增加43.6%。

（二）PSM估计结果

上述回归结果表明了双规模经营对于农户收入的整体影响，但由于忽略了自选择和变量之间互为因果所导致的内生性问题，估计结果可能存在偏误。本书进一步运用PSM模型在反事实框架下考察双规模经营对农户收入影响的处理效应。利用近邻匹配、卡尺匹配、核匹配、局部线性匹配和曲线匹配五种匹配方法测算平均处理效应，并利用自助法（Bootstrap），重复抽样次数为500次得到显著性检验，结果对应表4-6中模型Ⅱ的结果。PSM模型估计结果显示，采用近邻匹配、卡尺匹配、核匹配、线性匹配、曲线匹配的处理效应分别为0.423、0.423、0.399、0.402、0.409，且均在1%水平上显著。表明虽然各种匹配算法得到不同的量化结果，但从定性的角度来看，五种方法的测算结果是一致的，双规模经营可以显著提高农户家庭总收入。

PSM结果与基准回归结果一致显示：农户双规模经营可以提高农户家庭总收入，但基准回归中总收入的影响系数要略高于PSM估计结果，这表明模型潜在的内生性问题高估了双规模经营对农户收入的影响。

表4-6　双规模经营方式对农户收入影响估计结果

	模型Ⅰ	模型Ⅱ				
	OLS（ATE）	PSM（ATT）				
		最近邻匹配	卡尺匹配	核匹配	线性匹配	曲线匹配
是否是双规模经营	0.436*** (8.297)	0.423*** (0.072)	0.423*** (0.075)	0.399*** (0.061)	0.402*** (0.059)	0.409*** (0.061)

注：*、**、***分别表示在10%、5%和1%的水平上显著；最近邻匹配遵从Abadie等（2004）的建议，进行一对四匹配，在一般情况下可最小化均方误差；Neighbor Caliper匹配中的卡尺半径设为0.05；Nuclear Match的核函数使用文献中常用的gausslan函数，选的带宽为文献中常用的0.06；Local Linearity回归匹配使用默认的tricube核函数和默认的0.8带宽值；本书采用spline命令进行默认回归；匹配前我们先将样本随机排序，匹配时均采用有放回、允许并列的配方法，且对共同取值范围内个体进行匹配。结果均采用自助法（Bootstrap），重复抽样次数为500次。

PSM方法估计处理效应的有效性依赖于两个前提条件：一是共同支撑假设。要求处理组和对照组的倾向得分有较大的共同支撑域，如若不然会使过多的样本损失，导致偏差。本书以最常用的近邻法为例，通过考察双规模经营户与非双规模经营户倾向得分的密度分布图来检验共同支撑假设。从图4-3中可以看到，在匹配前，两组样本的倾向得分概率密度分布存在显著的差异，相比之下，在完成匹配后，两组样本的倾向得分概率分布已渐趋于一致，倾向得分区间具有相当大范围的重叠，重叠区域即共同支撑域为［0.001，0.918］。双规模经营农户样本一共346个，损失3个，非双规模农户样本一共722，损失5个，一共损失8个，与所使用样本的总量相比较，样本损失比例极少，共同支撑域条件是令人满意的。

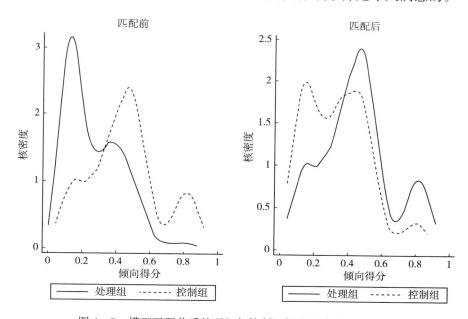

图4-3 模型匹配前后处理组与控制组倾向得分核密度分布

二是平衡性假设。要求匹配完成后处理组与对照组在各匹配变量上不存在系统性差异。平衡性检验结果如表4-7所示。匹配后，伪 R^2 从0.148下降至0.08以下，LR统计量从201.32下降至7.53以下，且LR统计量的P值均大于0.1，不显著，表明协变量不存在显著差异。另外，匹配后，均值偏差由 19.4% 下降到 4.5% 以下，中位数偏差由 14.8 下降至 4.7 以下，B 值小于 25%。由此可见，匹配后样本总偏误明显降低，两组样本具有类似特征，平衡性检验通过。综上所述，双规模经营可以提高农户收入，假说 H1 得以验证。

表 4-7　匹配前后解释变量平衡性检验结果

	伪 R^2 值	LR 统计量	P 值	均值偏差	中位数偏差	B 值
未匹配	0.148	201.32	0.000	19.4	14.8	95.4*
最近邻匹配	0.003	3.1	1.000	2.6	4.7	20.9
卡尺匹配	0.003	2.93	1.000	2.6	1.2	13.0
核匹配	0.003	3.03	1.000	3.3	3.1	13.2
线性匹配	0.008	7.53	0.941	4.5	4.7	20.9
曲线匹配	0.008	7.53	0.941	4.5	4.7	20.9

验证双规模经营对农户收入的影响效果是否加强，甚至产生协同效应时，由于样本容量所限，为保证分析效果，借鉴曾亿武等（2018）的做法，计算分组变量的均值并按程度进行分组，即"大于均值"为程度高组，"小于均值"为程度低组。本书将土地转入面积比例大于等于均值的划分为土地规模经营水平高组，小于均值为土地规模经营水平低组；外包服务项数大于等于 3 项为服务规模经营水平高组，小于 3 项为服务规模经营水平低组。二者的组合呈现出四种形态（图 4-4）：形态Ⅰ是"土地规模经营水平低、服务规模经营水平低"，简称双低组；形态Ⅱ是"土地规模经营水平高、服务规模经营水平低"，简称高土地组；形态Ⅲ是"土地规模经营水平低、服务规模经营水平高"，简称高服务组；形态Ⅳ是"土地规模经营水平高、服务规模经营水平高"，简称双高组。样本农户中，双低组有 365 户，高土地组有 233 户，高服务组有 316 户，双高组有 162 户。

接下来，以双低组为参照组，高土地、高服务和双高组为对照组，估算平均处理效应并进行比较。估计结果如表 4-8 所示。双规模经营方式对总收入的影响方面，OLS 模型结果显示，双高组的影响系数为 0.599，且在 1% 水平上显著；PSM 模型估计结果显示，在采用最近邻匹配、卡尺

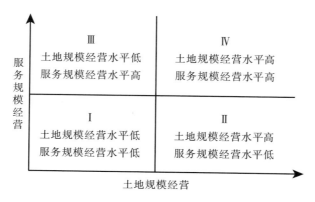

图 4-4　不同程度的规模经营及其组合

匹配、近邻卡尺匹配、核匹配后，双高方式的处理效应为 0.680、0.748、0.680、0.671，且均在 1% 水平上显著。土地规模经营方式对总收入的影响方面，OLS 模型的估计系数为 0.592，且 1% 水平显著；PSM 模型结果显示，四种匹配方式下的处理效应分别为 0.668、0.623、0.668、0.683，均在 1% 水平上显著。服务规模经营对总收入的影响方面，OLS 和 PSM 模型估计结果均显示影响效果不显著。对比双规模和土地规模经营方式的影响程度大小可以发现，双规模经营方式对农户收入的影响略高于土地规模经营。由上述结果可知，服务规模经营对农户收入的影响不显著，但是与土地规模经营协同后，增收效果得以发挥，说明土地规模经营和服务规模经营相互作用，效用增强，H2 得以验证。

表 4-8　不同规模经营方式对农户收入影响程度的估计结果

估计/匹配方法	处理变量	ATE/ATT	标准误	T 值
OLS	双高	0.599***	0.083	7.22
	高土地	0.592***	0.073	8.15
	高服务	−0.034	0.057	−0.60
最近邻匹配	双高	0.680***	0.121	7.16
	高土地	0.668***	0.125	6.94
	高服务	−0.028	0.084	−0.41

（续）

估计/匹配方法	处理变量	ATE/ATT	标准误	T 值
卡尺匹配	双高	0.748***	0.147	6.02
	高土地	0.623***	0.131	5.14
	高服务	0.009	0.097	0.11
近邻卡尺匹配	双高	0.680***	0.114	7.16
	高土地	0.668***	0.115	6.94
	高服务	−0.028	0.082	−0.41
核匹配	双高	0.671***	0.106	7.31
	高土地	0.683***	0.103	7.69
	高服务	−0.041	0.065	−0.64

注：样本匹配所需的倾向得分满足共同支撑域条件和平衡条件，但限于篇幅未予报告；*、**、*** 分别表示 10%、5%、1% 的显著性水平；OLS 报告的是全体样本的平均处理效应（ATE），PSM 报告的是处理组的平均处理效应（ATT）。

上述分析结果显示，双规模经营提高了农户家庭总收入，且程度高于单一规模经营方式。钟真（2020）按照村庄土地流转和农业生产性服务水平的不同组合分组，对比不同组农户产量和收益的差异，虽然结果显示双高村庄的农户农业收入水平最高和小麦产出量最高，肯定了双规模经营方式对农业产出的积极影响。但采取不同经营方式的农户的初始条件不完全相同，简单直接对比不同类型农户的收入情况是不准确的，无法避免"选择偏差"。相比于其他简单比较方式，本书采用 PSM 模型，控制了内生性问题，实证检验了双规模经营对农户收入的影响，结果更具代表性和说服力。然而，本书的实证结果也表明虽然双规模经营促农增收的效果增强了，但是并没有达到"1＋1＞2"的协同效果。主要的原因可能是农户服务规模经营促农增收效果有限，单独作用时对农户收入的影响不显著，与土地规模经营共同作用时，增收效果才得以显现。这一发现与张露和罗必良（2021）的研究有出入，他们的研究结果强调不同规模经营方式的农户均能从分工与专业化生产中分享规模经济收益，即分工与专业化对农业家庭经营绩效的改进具有"规模中立"特征。然而，本书认为小农户不一定总能和大农户一样从服务规模经营中获益，主要原因如下：一是小农户的土地通常小而分散，为分散地块提供农业生产性服务不仅增加了作业时间，也会提高机械磨损程度。对于生产性服务供给主体来说，为小农户提供服务的成本较高，服务价格也相对较高。由此导致小农户采纳生产性服务的费用往往高于规模户。二是在农业生产性服务市场发育程度有待完善的背景下，生产性服务的价格传导机制仍存在阻碍，不同类型农户寻求生产性服务的信息成本和搜寻成本存在明显差异，这种差异会诱致生产性服务供求主体间不同类别的利益联结机制（芦千文和高鸣，2019）。小农户的服务交易费用相对规模农户高。在我国农村，农户为了分散经营风险，往往经营多种作物，而且生产日程也是根据自家情况而定，选择的生产性服务供给者也未必相同，这将导致空间上的连片作业难以实现。在空间连片作业尚未实现及生产性服务市场不完善的情况下，农户利润空间会受到生产性服务费用和交易成本的挤压（Ji 等，2017），这一点在小农户身上更明显。此外，我国农业生产性服务市场虽然发展迅速，但不是完全竞争市场。虽然供给主体多样，主要有农机合作社、村集体、农业企业、大户、家庭农场等，但是与农户的利益联结机制存在很多问题，交易费用较高。当然，这并不是否定"规模中立"，而是应注意其成立是需要条件的，若小农户经营的土地实现空间上的连片作业，生产性服务市场发育成熟、完善，则小农户也可以和规模户一样从服务规模经营中获益。

（三）异质性分析结果

采用 RQR 模型检验双规模经营方式对农户家庭收入的异质性影响，结果如表 4-9 所示。双规模经营对各个分位点农户总收入的影响效应显著为正，但是影响程度存在差异。1/4 分位点农户收入的影响系数是 0.559、1/2 分位点农户收入的影响系数是 0.461、3/4 分位点农户收入的影响系数是 0.401，影响程度随着收入水平的提高而减小。这表明双规模经营更有利于低收入农户群体收入水平的提高，换言之，双规模经营可以缩小农村内部收入差距。研究假说 H3 得以验证。随着土地流转市场的不断发展和农业机械技术的不断提高，资本禀赋较好的农户可以通过自己购买机械实现机械对劳动力的替代，进一步促进农业生产效率的提高。但是资本禀赋贫乏的农户受到资金约束无力购买机械，仍通过自己的劳动进行农业生产，导致较低的生产效率。农业生产性服务市场的发展为这部分农户提供了一个选择，即农户可以通过租赁农业机械实现对劳动力的替代，进而实现与资本禀赋较好的农户同样的农业生产效率。这就意味着双规模经营可以缩小农村内部收入差距，避免"马太效应"的产生。

表 4-9　双规模经营对不同收入水平农户的异质性影响

分位点	1/4 分位点	1/2 分位点	3/4 分位点
双规模经营	0.559***	0.461***	0.401***
控制变量	已控制	已控制	已控制
样本	1 076	1 076	1 076
伪 R^2 值	0.233	0.203	0.213

注：*** 表示 1% 的显著性水平。

用户主劳动力素质作为劳动力禀赋的代理变量，从年龄、受教育年限、健康状况三个层面考察劳动力素质。同样地将样本按照均值分为"大于均值"和"小于均值"两组，采用 PSM 测算不同组双规模经营的收入效应，结果如表 4-10 所示。双规模经营对户主年龄在 45~55 岁、55~65 岁、65 岁以上年龄段的影响效应显著为正，且程度逐渐增加，说明双规模经营更有利于年龄较大的农户收入的提高。同时，双规模经营对受教育年限低的农户的增收效果大于受教育年限高的，对于健康状况差的农户的增收效果大于健康状况好的。总的来说，双规模经营更有利于受教育年限低、健康状况差、年龄高的农户提高收入。可见，双规模经营方式亦可缓解农村优质劳动力流失导致的低收入问题。假说 H4 得以验证。

表 4 - 10　双规模经营对不同劳动力素质农户的异质性影响

变量	分组	处理组	控制组	ATT	标准误
年龄	45 岁以下	10.447	10.426	0.021	0.243
	45～55 岁	10.745	10.376	0.369***	0.123
	55～65 岁	10.515	10.035	0.480***	0.146
	65 岁以上	10.195	9.566	0.628***	0.189
受教育年限	小于均值	10.552	10.046	0.505***	0.128
	大于均值	10.567	10.136	0.431***	0.095
健康状况	小于均值	10.246	9.598	0.648***	0.194
	大于均值	10.610	10.226	0.385***	0.080

注：教育年限均值为 8 年，身体健康状况均值为 3，控制变量中均不包含该组的处理变量；结果采用最近邻（1∶4）匹配，均采用自助法，重复抽样次数为 500 次；*、**、*** 分别表示 10%、5%、1% 的显著性水平。

（四）机制分析结果

双规模经营对农业经营性收入和非农就业收入的影响结果如表 4 - 11 所示。模型Ⅰ的核心解释变量为是否是双规模经营；模型Ⅱ的核心解释变量则是按照程度划分的，是否是高土地高服务经营方式、高土地低服务经营方式及高服务低土地经营方式。OLS 和 PSM 模型估计结果一致显示，核心解释变量无论是双规模经营决策还是双规模经营程度，对非农就业收入的影响都不显著，对农户农业经营性收入都具有显著正向影响，表明双规模经营促农增收的路径是通过提高农业生产效率，增加农户农业收入，进而提高农户家庭总收入。理论上服务外包可以增加非农就业机会，提高农户非农就业收入，但这里有两个重要的前提，一是有可以被转移的富余劳动力，二是有非农就业机会。中国农村的"人口红利"逐渐消失，转移的劳动力由农村富余劳动力转变为有效劳动力，且农村留守劳动力呈现老龄化、弱质化的特点。加之近几年经济下行的压力、新冠疫情的冲击，城镇非农就业市场动荡，失业率提高。在这样的背景下，即使服务外包可以置换出一部分劳动力，但是也无法通过非农就业增加非农就业收入。这一点在周振等（2016）的研究中得以证实。

表 4 - 11　双规模经营对农户农业收入、非农就业收入影响的估计结果

变量		农业收入		非农就业收入	
		OLS	PSM	OLS	PSM
模型 I	双规模经营	0.768***	0.675***	−0.311	0.043
		(12.355)	(7.750)	(0.969)	(0.110)
模型 II	双高组	1.037***	1.197***	−0.531	−0.774
		(0.092)	(0.128)	(0.487)	(0.722)
	高土地组	1.017***	1.054***	−0.173	−0.044
		(0.080)	(0.123)	(0.443)	(0.681)
	高服务组	0.009	0.025	0.346	0.171
		(0.066)	(0.093)	(0.360)	(0.483)

注：结果均 bootstrap500 次，采用最近邻（1∶4）匹配；括号内为标准误；*** 表示 1% 的显著性水平。

五、稳健性检验

在上述数据分析过程中，采用 PSM 处理效应考虑了内生性问题，起到了结果稳健性检验的作用。而且，将核心变量规模经营决策分别按照是否和程度进行了分组，通过更换核心解释变量的方式，对结果起到了稳健性检验的作用。虽然 PSM 模型控制了可观测变量，但很可能存在不可观测变量同时影响农户双规模经营决策和收入水平。因此，本书将构建内生转换模型（ESR），在考虑不可观测因素的情况下，检验双规模经营对农户收入的影响。首先，确定农户土地规模经营和服务规模经营决策的工具变量，即农户所在村庄土地市场活跃度和服务市场活跃度。土地市场活跃度为村内参与土地流转（包括土地转入和转出）的农户比例（栾江等，2021），服务市场活跃度为村内参与服务（包括服务外包和提供服务）的农户比例。工具变量通过了 2SLS 检验，表明工具变量有效。其次，构建 ESR 模型，估算双规模经营对农户家庭总收入的处理效应。表 4 - 12 是

ESR 模型选择方程和结果方程的估计结果。误差相关系数 $\ln s_0$、r_0、$\ln s_1$、r_1 均通过显著性检验，表明有必要运用 ESR 纠正由不可观测因素引起的样本选择偏误。

表 4-12 内生转换模型的选择方程和结果方程估计结果

变量	选择方程		结果方程			
			对照组		处理组	
	系数	标准误	系数	标准误	系数	标准误
土地市场活跃程度	2.042 6***	0.228				
服务市场活跃程度	0.779 1*	0.461				
$\ln s_0$			−0.227 5***	0.043		
r_0			−0.823 3***	0.173		
$\ln s_1$					−0.359 3***	0.052
r_1					−0.385 5**	0.175
控制变量	已控制		已控制		已控制	
对数似然值			−1 678.794 8			
LR 统计量			16.25***			
样本量			1 076			

注：***、**、* 分别代表在 1%、5%、10% 的统计水平上显著。

进一步，采用 ESR 模型估计的双规模经营对农户家庭收入的处理效应如表 4-13 所示。双规模经营对农户家庭总收入的影响的平均处理效应（ATT）值为 1.191，且在 1% 水平上显著为正，表明考虑了不可观测变量的影响后，结果依然稳健。

表 4-13 双规模经营对农户收入的处理效应

变量	系数	处理组	对照组	标准误	T 值	样本量
ATT	1.191***	10.585	9.393	0.012	99.600	349
ATU	0.905***	10.816	9.911	0.009	101.950	727
ATE	0.997***	10.741	9.744	0.008	136.500	1 076

注：*** 代表在 1% 的统计水平上显著。

在上文检验假说 H2 的过程中，即对比不同规模经营方式的影响效应程度，采用的方法是分别以双高组、高土地组、高服务组为处理变量，以双低组为对照组，采用 PSM 测算 ATT 并进行比较。当处理变量为多值变量时，如若采用 PSM 或 ESR 模型，每次选取双低组作为对照，与剩余的所有组进行比较，会使多个倾向值的概率总和大于 1，并且导致参数估计的精度较低（王永吉，2011）。因此，本书参考 Cattaneo（2010）的思路，采用 IPW 估计量测算三种方式对农户收入水平的处理效应，对表 4-8 的结果的稳健性进行检验。IPW 估计结果如表 4-14 所示。双高经营方式的处理效应为 0.834，且在 1% 水平上显著；高土地方式的处理效应为 0.782，且在 1% 水平下显著。而高服务对农户收入的影响不显著。对比双高方式和高土地方式的处理效应大小可知，双规模经营方式的增收效应大于土地规模经营，但是并未发现"1+1>2"的协同效应，结论与上述分析一致。

表 4-14　IPW 估计结果

模型	变量	ATT	S.E.	T 值
IPW	双高	0.834***	0.114	7.29
	高土地	0.782***	0.086	9.11
	高服务	0.009	0.084	0.11

注：*** 代表在 1% 的统计水平上显著。

六、本章小结

"经济增长来源于分工和专业化"，在现代农业背景下，要达到现代化所要求的集约化、专业化、组织化和社会化的要求，参与分工并最大限度发挥分工带来的收益剩余成为农户生产经营的必然选择。土地规模经营和服务规模经营是农业规模经营现行的两条路径，理论上二者相互促进、相互制约，是协同关系，现实中有相当一部分农户采取了双规模经营方式。促进农户收入水平提高是双规模经营有效性的重要指标之一。然而，双规模经营如何影响农户收入、通过什么路径影响等问题尚未解决。本章在理论分析双规模经营及其对农户收入影响的基础上，以中国辽宁省玉米和水稻种植户的调研数据为基础，联合使用多种计量模型，检验了双规模经营对农户收入的影响效应，并进一步探讨了这一影响效应的异质性和机制。

本章的主要研究结论如下：第一，双规模经营有效促进农户家庭总收入水平提高，且影响程度大于单一规模经营方式。但是需要注意的是，单纯的服务规模经营并没有带来收入的显著提高，当与土地规模经营共同作用时，增收效果得以显现。表明服务规模经营农户的增收效应并非"规模中立"。第二，异质性分析结果显示，双规模经营对不同收入水平农户的影响程度存在差异，对低收入农户收入提高的促进作用更显著。第三，双规模经营的增收效果对于不同劳动力素质的农户存在差异，劳动力素质低的农户比劳动力素质高的农户更能从双规模经营中获益。第四，机制分析结果显示，双规模经营未能显著提高非农就业收入，但是显著提高了农业经营性收入。可见，双规模经营提高农户家庭总收入的路径是提升生产效率，增加农业经营性收入，进而提高农户家庭总收入。而劳动力替代路径不显著的原因可能是由于农村留守劳动力呈现老龄化、弱质化特点，即使置换出的富余劳动力，也没办法成功进行非农就业，加之经济下行的压力、新冠疫情的冲击，城镇非农就业市场动荡，这也加大了农户非农就业的难度。

第五章 土地规模经营和服务规模经营耦合协调发展对农户收入的影响

　　土地规模经营与服务规模经营均可以提高农户收入，但存在一定局限。农户进行土地规模经营，有利于降低农业生产成本（Sheng 等，2019），有利于家庭劳动的充分利用，提高劳动生产率（Ito 等，2016；Zhang 等，2021），进而带来农户收入水平的提升（Dib 等，2018；Fei 等，2021；周力等，2022）。然而，研究表明地租严重制约农民收入增长（Liu 等，2022），如果土地流转没有带来土地细碎化的缓解，可能会造成农业生产效率的严重损失（叶兴庆等，2018），土地流转对优化土地资源配置的作用有限（何欣等，2016），因而难以提高农民收入。农户生产性服务外包能够降低成本（唐林等，2021；Baiyegunhi 等，2019；Lyne 等，2018；栾健等，2022），生产性服务采纳可以促进农业产量提高和生产效率改善（韩春虹等，2020；李晶晶等，2022），还可以使农户通过非农就业等渠道增加工资性收入（Takeshima，2017；李忠旭等，2021；杨震宇等，2022）。但生产性服务采纳带来的交易成本会挤压农户利润空间（Ji 等，2017）。长期以来，学界似乎天然地将土地规模经营和服务规模经营作为两种相互分离的农业规模经营方式分别讨论。然而，理论与实践显示，农户的土地规模经营和服务规模经营并不是对立、割裂的，而是相互促进、相互影响的耦合关系。那么，土地规模经营和服务规模经营耦合的机理是什么？耦合关系是否真实存在？又会如何影响农户收入？这些问题尚需运用实践予以验证。

鉴于此，本章以辽宁省玉米和水稻种植户为研究对象，结合物理学中的耦合理论，揭示土地规模经营和服务规模经营的耦合及其对农户收入影响的机理，并构建广义倾向得分模型（GPSM），实证检验土地规模经营和服务规模经营耦合程度对农户收入的影响，结论可为总结中国粮食生产规模经营方式创新的经验、助推中国粮食生产规模经营方式完善和创新，以及提升国家粮食生产经济效益与竞争力提供科学决策依据。本章内容的边际贡献体现在以下几点：一是运用最优化模型进行数理关系分析，揭示了农户进行土地规模经营和服务规模经营的机理，丰富了农户行为理论；二是构建了同时分析土地规模经营和服务规模经营的框架，并验证了二者的耦合关系，为农业规模经营相关研究提供新的分析视角；三是检验了土地规模经营和服务规模经营耦合对农户收入的影响，为农户生产经营方式转型提供了思路创新。

一、理论分析与假说提出

耦合是个物理名词，是指两个或两个以上的系统或运动方式之间通过各种关联相互作用，彼此影响以至形成一个整体的现象。系统耦合可以打破原有子系统之间条块分割的局面，改变原系统各个主体彼此割裂、独立运作的形式，通过各功能的有效紧密耦合形成新的有机整体。同时，通过运行机制与功能结构的耦合生成新的结构与功能，能够弥补原系统自身运行的缺陷，并有效协调和消除彼此之间的矛盾，构筑一种协调发展的目标，产生更大的整体效果（康鹏，2014）。耦合理论可分析具有关联与相互作用的系统评价问题。因此，本书以耦合理论为基础，分析土地规模经营和服务规模经营耦合的机理及其对农户收入的影响。

（一）土地规模经营和服务规模经营耦合机理：要素互补性

农户通过土地流转实现了规模扩张，但这只是实现土地规模经营的条件之一，获得更大的收益还需要通过采用农机实现真正意义的规模经济。

人多地少的基本国情决定了我国很难形成面积达百公顷及以上的大型农场，这意味着我国土地即使集中后，规模仍难以达到购买整套大型机械的门槛，土地要素与资本要素（农业机械）的不匹配使规模主体要依靠农机服务的外包（陈昭玖等，2016；杨子，2019）。农户通过生产性服务外包，可以缓解其在扩大土地经营规模时面临的劳动力、技术、资金等的约束，生产性服务外包对土地经营规模扩大具有正向影响（章丹等，2022）。可见，土地规模经营和服务规模经营的核心要素土地和服务可能是互补关系。

本书构建了土地流转市场、服务外包市场、非农就业市场"三市场"下的农户的要素配置决策模型，推导在收入最大化目标下，土地规模经营和服务规模经营核心要素之间的关系。具体模型构建如下：

农户的生产函数为：$Q=f(L，K，T)$，L、K、T分别为农业劳动力投入数量、农业生产性服务投入数量、土地投入数量。非农就业劳动力数量表示为L_1，则$\bar{L}=L+L_1$。目标函数即家庭收入函数为$U(\pi)$。为保证纯收入函数最大化有解，假定生产函数是二阶可微的严格凹函数，一阶偏导数$f'_L>0$、$f'_K>0$、$f'_t>0$，二阶偏导数$f''_{LL}<0$、$f''_{KK}<0$、$f''_{TT}<0$，二阶交叉偏导数$f''_{LK}>0$、$f''_{LT}>0$、$f''_{TK}>0$，其中，农户家庭纯收入函数可以写为：

$$\max U(\pi)=pf(L，K，T)+wL_1-wL-rK-tT \qquad (5-1)$$

式中p、w、r、t分别代表农产品价格、劳动力价格、服务价格、土地价格。讨论农户生产要素配置行为，将π分别对L、K、T求偏导，并令三个一阶偏导为零，则：

$$pf'_L=w$$
$$pf'_K=r$$
$$pf'_T=t \qquad (5-2)$$

上述公式说明当农户生产要素投入的边际生产率等于市场报酬水平，则农户实现收益最大化目标，要素配置达到最优状态。下面考察要素流动对要素替代的预期影响。

由于 f'_L 与 f'_K、f'_T 分别为劳动力投入 L、服务投入 K 和土地投入 T 的函数，因此对公式（5-2）求关于 L、K、T、w、r、t、p 的全微分，结果为：

$$p f''_{LL} \mathrm{d}L + p f''_{LK} \mathrm{d}K + p f''_{LT} \mathrm{d}T + f'_L \mathrm{d}p - \mathrm{d}w = 0$$
$$p f''_{KL} \mathrm{d}L + p f''_{KK} \mathrm{d}K + p f''_{KT} \mathrm{d}T + f'_K \mathrm{d}p - \mathrm{d}r = 0$$
$$p f''_{TL} \mathrm{d}L + p f''_{TK} \mathrm{d}K + p f''_{TT} \mathrm{d}T + f'_T \mathrm{d}p - \mathrm{d}t = 0 \qquad (5-3)$$

令，$\mathrm{d}p = \mathrm{d}r = \mathrm{d}t = 0$，$p = 1$，则有：

$$f''_{LL} \mathrm{d}L + f''_{LK} \mathrm{d}K + f''_{LT} \mathrm{d}T = \mathrm{d}w$$
$$f''_{KL} \mathrm{d}L + f''_{KK} \mathrm{d}K + f''_{KT} \mathrm{d}T = 0$$
$$f''_{TL} \mathrm{d}L + f''_{TK} \mathrm{d}K + f''_{TT} \mathrm{d}T = 0 \qquad (5-4)$$

分别对公式（5-4）的两边求 w 的导数：

$$f''_{LL} \frac{\mathrm{d}L}{\mathrm{d}w} + f''_{LK} \frac{\mathrm{d}K}{\mathrm{d}w} + f''_{LT} \frac{\mathrm{d}T}{\mathrm{d}w} = 1$$

$$f''_{KL} \frac{\mathrm{d}L}{\mathrm{d}w} + f''_{KK} \frac{\mathrm{d}K}{\mathrm{d}w} + f''_{KT} \frac{\mathrm{d}T}{\mathrm{d}w} = 0$$

$$f''_{TL} \frac{\mathrm{d}L}{\mathrm{d}w} + f''_{TK} \frac{\mathrm{d}K}{\mathrm{d}w} + f''_{TT} \frac{\mathrm{d}T}{\mathrm{d}w} = 0 \qquad (5-5)$$

令农户生产函数 $Q = f(L，K，T)$ 为海塞矩阵（Hessian Matrix），即：

$$H = \begin{bmatrix} f''_{LL} & f''_{LK} & f''_{LT} \\ f''_{KL} & f''_{KK} & f''_{KT} \\ f''_{TL} & f''_{TK} & f''_{TT} \end{bmatrix} \qquad (5-6)$$

因为生产函数严格凹性，满足二阶充分条件的海塞矩阵 $|H| < 0$。同时，根据克拉默法则，可以得到下列各式：

$$\frac{\mathrm{d}L}{\mathrm{d}w} = \frac{\begin{vmatrix} 1 & f''_{LK} & f''_{LT} \\ 0 & f''_{KK} & f''_{KT} \\ 0 & f''_{TK} & f''_{TT} \end{vmatrix}}{|H|} = \frac{f''_{KK} f''_{TT} - f''^2_{TK}}{|H|} < 0$$

$$\frac{\mathrm{d}K}{\mathrm{d}w} = \frac{\begin{vmatrix} f''_{LL} & 1 & f''_{LT} \\ f''_{KL} & 0 & f''_{KT} \\ f''_{TL} & 0 & f''_{TT} \end{vmatrix}}{|H|} = \frac{f''_{KT} f''_{TL} - f''_{KL} f''_{TT}}{|H|} < 0$$

$$\frac{\mathrm{d}T}{\mathrm{d}w}=\frac{\begin{vmatrix} f''_{LL} & f''_{LK} & 1 \\ f''_{KL} & f''_{KK} & 0 \\ f''_{TL} & f''_{TK} & 0 \end{vmatrix}}{|H|}=\frac{f''_{KL}f''_{TK}-f''_{KK}f''_{TL}}{|H|}<0 \quad (5-7)$$

进一步整理，可以得到：

$$\frac{\mathrm{d}L}{\mathrm{d}K}=\frac{f''_{KK}f''_{TT}-f''_{TK}{}^{2}}{f''_{KT}f''_{TL}-f''_{KL}f''_{TT}}>0$$

$$\frac{\mathrm{d}L_1}{\mathrm{d}K}=-\frac{\mathrm{d}(\overline{L}-L)}{\mathrm{d}K}=-\frac{\mathrm{d}L}{\mathrm{d}K}=-\frac{f''_{KK}f''_{TT}-f''_{TK}{}^{2}}{f''_{KT}f''_{TL}-f''_{KL}f''_{TT}}<0$$

$$\frac{\mathrm{d}T}{\mathrm{d}K}=\frac{f''_{KL}f''_{TK}-f''_{KK}f''_{TL}}{f''_{KT}f''_{TL}-f''_{KL}f''_{TT}}>0 \quad (5-8)$$

上述结果表明，在家庭收入最大化的最优状态下，农户生产要素中服务投入量与土地投入量之间呈正相关。由此提出研究假说：

H5：农户土地规模经营和服务规模经营是耦合关系。

（二）土地规模经营和服务规模经营耦合的收入效应：耦合有效性

分工理论强调，分工与专业化是绩效改善的根源。分工带来的专业化生产模式可以提高劳动者的熟练度并节省时间，进而提高生产效率，实现规模经济。在农业生产中，当农户转入的土地规模扩大到一定程度，规模经济使从事农业或一种农作物的生产能够同兼业或兼营其他农产品相比获得更高的利润时，农户会趋向于专一农业活动或专一农作物生产，即横向专业化生产。当单个农户禀赋有限，在一些生产环节亲力亲为的生产成本大于直接外包给其他服务主体操作时，农户必然将减少或放弃这些生产环节的生产，只保留少数生产环节，即纵向专业化生产。

无论是土地规模经营还是服务规模经营都可以提高农户收入（杜鑫等，2022；Lyne等，2018，Qing等，2019）。然而，二者的促农增收机制均存在一定局限，具体表现为：一方面，部分农户受限于自身资本、劳动力、技术等禀赋的约束，即使转入土地扩大规模也难以达到最优经营面积，造成潜在收益损失。另一方面，生产性服务采纳带来的服务费用、交易成本会挤压农户利润空间（Ji 等，2017）。而导致这一局限的原因在于分工的形成并不是没有条件的，分工受限于市场容量（Smith，1776）。农业领域的市场容量由横向分工中的交易密度与纵向分工中的交易频率表达（罗必良，2017）。其中，横向分工化将离散的服务需求聚合，满足不同服务环节的服务规模要求，由此诱导不同生产环节的服务主体进入，促进服务外包市场的形成与发育，有助于降低服务外包的费用及交易成本（张露等，2021）。同时，与作物品种相关联的社会化服务外包市场发育越成熟，越可以便捷地获取低成本的生产性服务，以缓解土地扩张过程中面临的资本、劳动力、技术等的约束，甚至可以拓宽最优经营边界，提高收入。可见，耦合程度较低时，分工整合效应无法发挥，土地规模经营和服务规模经营各自促农增收机制的缺陷致使它们无法有效提高农户收入。只有当耦合到达一定程度后，增收效果才会显现，且程度越高增收效果越好。综上分析，提出以下研究假说：

H6：农户土地规模经营和服务规模经营耦合程度与农户收入正相关，但存在门槛。

土地和服务分别是土地规模经营系统和服务规模经营系统的核心要素，核心要素的互补决定了二者是耦合关系。而前者带来的横向分工和后者带来的纵向分工的相互整合效应，对农户收入产生积极影响。那么如何衡量土地规模经营系统和服务规模经营系统的发展水平呢？土地规模经营效果的实现，更多地取决于土地流转后是否带来了土地的集中、连片及专业化的生产。因此，农户土地经营规模水平可以用土地的集中度、平整度及专业化生产程度指标来综合反映。是否服务外包可以判断农户是否卷入服务规模经营，而卷入服务的宽度和深度则可以衡量农户服务规模经营的水平。另外，通过实地调查发现，相较于产前和产后服务，产中服务对农户的生产经营决策起到更为关键的作用。因此，本研究对农业生产性服务的考察主要聚焦于农业生产环节中的农机租赁和雇工服务，并结合玉米和水稻的生产环节将服务分为整地服务、播种（插秧）服务、施肥服务、打药服务、灌溉服务。由此，构建理论框架图（图 5-1）。

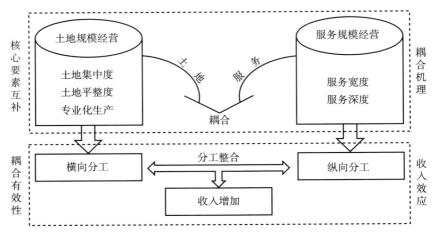

图 5-1　土地规模经营和服务规模经营耦合及对农户收入影响的理论逻辑

二、数据来源、模型设定与变量选取

（一）数据来源

本研究的数据来源于课题组于 2021 年 12 月开展的问卷调研。调研分为预调研和正式调研两个阶段。在预调研阶段，分别在沈阳市辽中区和开原市随机选取 10 个农户进行问卷调研，并对村主任、村支书进行了访谈调查，根据实际情况对问卷进行了修改和完善，以提高问卷设计的合理性和准确性。在正式调研阶段，采用多层随机抽样方法选择样本。具体地，综合考虑地区经济发展水平、土地资源禀赋差异、玉米产量等情况，选取阜新市、沈阳市、铁岭市、盘锦市 4 个城市，每个城市随机抽取 1～2 个区县，每个区县随机抽取 1～2 个乡镇，每个乡镇随机抽取 3～4 个村，在每个村随机选择约 15 名左右的玉米和水稻种植农户。调研区域如表 5-1 所示。问卷内容包括农户家庭的户主基本特征、家庭特征、农业生产经营情况等方面，主要对户主或主要参与农业生产决策的家庭成员进行"一对一"访谈，问卷由调研员进行填写。最终获取辽宁省 4 个城市、6 个区县、44 个村庄共 776 份问卷，为保障数据的准确性，剔除数据缺失严重和关键变量存在异常值或缺失的样本，有效问卷 752 份，问卷有效率为 96.91%。

表 5 - 1　样本地区分布

市	县	镇	村
沈阳（51）	辽中区（51）	六间房	八家子/六间房/马三家子/马龙
铁岭（127）	开原市（127）	八宝	北花楼/北英城/和顺/马圈子
		庆云堡	双楼台/河西/老虎头/高家窝棚
盘锦（262）	盘山县（115）	胡家	坨子/朱家/甜坨/田家
		太平	仙水/八间/孙家/常家
	大洼区（147）	唐家	四十里/袁家/陈家/杜家
		榆树	兴旺社区/尤家/榆树/西榆
阜新（312）	阜蒙县（157）	大板	各力格/大板/山岳/朝阳寺
		沙拉	上等皋/六家子/朝代营子/朱家洼子
	彰武县（155）	丰田	双龙/四间房/杏山/苏己
		双庙	三台子/双庙/杜家/白家

注：括号内为样本数量。

（二）模型设定

1. 土地规模经营和服务规模经营评价指标体系构建

土地流转是农户进行土地规模经营的重要方式，但是土地流转并不等于土地规模经营。土地规模经营效果的实现，更多地取决于土地流转后是否带来了土地的集中、连片及专业化的生产。本书用土地的集中度、平整度及专业化生产程度指标来综合反映农户土地经营规模水平。另外，通过实地调研发现，相较于产前和产后服务，产中服务对农户的生产经营决策起到更为关键的作用。因此，对农业生产性服务的考察主要聚焦于农业生产环节中的农机租赁和雇工服务，并结合玉米和水稻的生产环节将外包服务分为整地服务、播种（插秧）服务、施肥服务、打药服务、灌溉服务。农户卷入服务规模经营的程度从农户服务外包的宽度、深度两方面进行衡量。土地规模经营与服务规模经营评价指标体系构建结果如表5-2所示。

表5-2　土地规模经营与服务规模经营评价指标体系

变量类别	变量名称	变量取值	权重
土地规模经营	土地集中度	最大地块耕地面积	0.422 8
		地块面积/地块总数	0.411 6
	土地平整度	耕地是否平整	0.114 6
	专业化生产	1/种植作物种类数量	0.051 0
服务规模经营	服务宽度	生产性服务购买种类数量总和	0.137 7
	服务深度	生产性服务购买费用总和/总成本	0.352 8
		获取生产性服务信息的难易程度	0.509 5

2. 耦合度和耦合协调度模型

耦合度是用来描述系统或系统内部要素之间相互作用、彼此影响的程度。耦合协调度是度量系统或系统内部要素之间在发展过程中彼此和谐一致的程度，体现了系统由无序走向有序的趋势。在检验土地规模经营和服务规模经营是否存在耦合关系时，采用耦合度指标。在检验土地规模经营和服务规模经营耦合的增收效应时采用耦合协调度指标。

构建综合评价模型如下：

$$f(x) = \sum_{i=1}^{m} a_i x_i, \; g(y) = \sum_{j=1}^{n} b_j y_j \qquad (5-9)$$

$f(x)$、$g(y)$ 分别表示土地经营规模、服务规模经营水平的综合评价函数，x_i 和 y_j 分别表示各要素的标准化值，a_i 和 b_j 分别表示各要素的权重，m 和 n 表示要素个数。其中，为了避免主观色彩和片面性对研究结果的影响，本书采用熵值法来确定综合评价模型中的指标权重。

耦合耦合度和耦合协调度模型构建如下：

$$C = \left[\frac{f(x) * g(y)}{\left(\frac{f(x) + g(y)}{2} \right)^2} \right]^{\frac{1}{2}} \qquad (5-10)$$

$$H = \alpha f(x) + \beta g(y) \qquad (5-11)$$

$$D = (CH)^{\frac{1}{2}} \qquad (5-12)$$

式中，C 是耦合度，D 为耦合协调度，H 为综合评价指数，均介于 $[0, 1]$。其中 α、β 为土地经营规模与生产性服务外包水平的权重系数，表示二者相互作用的相对程度，本书 $\alpha=\beta=0.5$。

3. 土地规模经营和服务规模经营耦合程度对农户收入的影响效应估计模型

科学评估耦合协调度对农户收入的影响是十分困难的事情，农户收入是否会受到耦合协调度的影响并不是必然的事件。本书采用广义倾向得分匹配法（Generalized Propensity Score Matching，GPSM）来进行"反事实"分析，可以克服依据可测变量的选择性偏误。传统的倾向得分匹配模型（PSM）只能用来检验 0 - 1 型处理变量的处理效应。与 PSM 相比，GPSM 能够对多元变量或者连续型变量进行处理效应评估（Imbens，2000；Hirano 和 Imbens，2004），并且能够满足本书量化耦合协调度对农户收入作用区间的要求，可以充分地利用样本信息（Kluve 等，2012），适用于本书对耦合协调度强度的异质性处理效应的评估。

GPSM 的基本原理如下：对于一组随机样本，以下标 i 表示不同的农户个体（$i=1$，…，N），假定农户 i 对于处理变量 t 的不同取值（$t \in D$）存在一组对应的潜在的产出水平 $Y_i(t)$，这一关系构成了"剂量反应"函数（Unit - level Dose - response Function）；此时，"平均剂量反应"函数（Average Dose - response Function）则表示为 $\mu(t)=E[Y_i(t)]$；不同自变量的取值所对应的函数值也有所差异，这种差异为处理强度变化所带来的因果效应（方便起见下文省略下标 i）。GPSM 要求条件独立性假设成立：

$$Y(t) \perp D | X，\forall t \in D \qquad (5 - 13)$$

GPSM 之所以能够有效剔除选择性偏误及解决内生问题，是因为控制了公式（5 - 13）的协变量 X。协变量 X 的选择原则为既要满足影响处理强度 D 又要影响产出水平 Y。随后，根据协变量 X 估算出处理强度的广义倾向得分 R，需要给出处理变量的条件概率密度 r（Hirano 和 Imbens，2004）：

$$r(t，x)=f_{T|X}(t|x)，R=r(D，X) \qquad (5 - 14)$$

GPSM 匹配的效果还取决于平衡条件（Balancing Property）是否满足，即控制 $r(D, X)$ 一致时，事件 $\{D=t\}$ 与协变量 X 是独立存在的。满足平衡条件之后，才可以保证得分值 R 一致时，处理强度与潜在产出结果是相互独立的，才可以克服选择性偏误。参照 Hirano 和 Imbens（2004）的研究，本书分三步完成 GPSM 评估。

第一步：根据协变量 X 估算处理强度的条件概率密度。本书的处理变量是双规模耦合协调度，通过熵值法计算得到，且该变量的取值落在 $[0, 1]$ 区间。由于会存在一定量的 0 值，不满足正态分布假定。因此，本书参考 Barbara 和 Marco（2014），采用分位式多元回归（Fractional Logit）模型修正密度函数进行估计，即：

$$E(D_i|X_i)=F(X_i\beta)\equiv\frac{\exp(X_i\beta)}{1+\exp(X_i\beta)}, \hat{R_i}=[F(X_i\beta)]^{T_i}\times[1-F(X_i\beta)]^{1-T_i}$$

$$(5-15)$$

其中，D_i 表示耦合协调度。

第二步：根据处理强度 D 和得分值 R 构造产出变量 Y 的条件期望模型，即：

$$E(D_i|X_i, \hat{R_i})=\alpha_0+\alpha_1 D_i+\alpha_2 D_i^2+\alpha_3 D_i^3+\alpha_4 \hat{R_i}+\alpha_5 \hat{R_i}^2+\alpha_6 \hat{R_i}^3+\alpha_7 D_i\hat{R_i}$$

$$(5-16)$$

最后，在公式（5-16）的基础上，将处理强度值 D 替换为处理变量 t，将得分值 R 替换为得分值估计函数 $r(D, X)$，可以得到"平均剂量反应"函数 $\mu(t)$ 和处理效应（Treatment Effect，TE）的估计结果。且估算函数 $\mu(t)$ 时需要设定 $[0, 1]$ 区间上的具体取值，设定的步长是 0.02，即选择 $t=0, 0.02, 0.04, \cdots, 0.76, 0.80$ 共 55 个处理强度值。"平均剂量反应"函数和处理效应估算模型构建如下：

$$\mu(t)=\frac{1}{N}\sum_{i=1}^{N}\{\hat{\alpha_0}+\hat{\alpha_1}t+\hat{\alpha_2}t^2+\hat{\alpha_3}t^3+\hat{\alpha_4}\hat{r}(t, X_i)+\hat{\alpha_5}\hat{r}(t, X_i)^2+$$
$$\hat{\alpha_6}\hat{r}(t, X_i)^3+\hat{\alpha_7}t\cdot\hat{r}(t,X_i)\} \quad (5-17)$$

$$TE(t)=\mu(t)-\mu(0), \quad t=0.02, 0.04, \cdots, 0.76, 0.80 \quad (5-18)$$

其中，N 为处理变量落入第 k 个子区间的样本数量，在每个子区间里估计出处理变量对结果变量的影响效应，将不同取值范围内的影响效应用线连接起来，就可以得到在整个处理变量取值区间内处理变量对结果变量的影响效应及处理变量之间的函数关系图。

（三）变量选取

1. 结果变量

将被解释变量定义为 2020 年的家庭可支配总收入，包括工资性收入、经营性收入（农业经营性收入和非农经营性收入）、财产收入和转移收入四部分。为了剔除家庭规模对收入的影响，本书采用人均收入水平。同时，为了使收入变量更接近正态分布，减少异方差，采用了收入的对数形式。

2. 处理变量

采用土地规模经营和服务规模经营耦合协调度（由耦合协调度模型测量而得）作为连续型处理变量的衡量方法。

3. 控制变量

选取农户个人特征、家庭经营特征、外部环境特征 3 类变量作为控制变量。个人特征包括性别、年龄、受教育年限、健康状况、风险态度；家庭经营特征包括劳动力数量、兼业程度、农业经营经验、耕地面积、农机资产、农业培训和农业保险；外部环境特征包括服务市场发展情况、村庄位置和自然灾害情况。变量定义及描述统计如下表 5-3 所示。

表 5-3　变量定义及描述性统计

变量	定义与赋值	均值	标准差	最小值	最大值
收入	ln（家庭年收入/家庭总人数）	10.18	0.88	8.10	12.51
耦合协调度	土地规模经营和服务规模经营耦合协调度	0.41	0.18	0.00	0.89
性别	户主性别（女=0；男=1）	0.97	0.17	0.00	1.00
年龄	户主年龄（45 岁以下=1；45～55 岁=2；55～65 岁=3；65 岁以上=4）	2.64	0.90	1.00	4.00

（续）

变量	定义与赋值	均值	标准差	最小值	最大值
教育水平	教育年限（6年以下＝1；6～9年＝2；9年以上＝3）	2.81	0.67	1.00	4.00
健康状况	户主身体状况（非常差＝1；差＝2；一般＝3；好＝4；非常好＝5）	4.11	0.92	1.00	5.00
风险偏好	您愿意在村里第一个尝试种植新品种吗？（非常不愿意＝1；比较不愿意＝2；一般＝3；比较愿意＝4；非常愿意＝5）	3.43	1.35	1.00	5.00
劳动力数量	家庭参与农业经营劳动力数量（人）	2.18	0.86	0.00	6.00
兼业程度	家庭非农就业收入/总收入	0.27	0.29	0.00	0.99
经营经验	家庭从事农业经营年限（年）	32.14	11.85	1.00	62.00
耕地面积	家庭承包地面积（亩）	49.56	94.89	1.30	1 740.00
农机资产	ln（家庭拥有农业机械价值）	3.52	4.36	0.00	13.48
农业培训	家庭是否有成员参与农业培训（是＝1；否＝0）	0.28	0.45	0.00	1.00
农业保险	家庭是否缴纳农业保险（是＝1；否＝0）	0.61	0.49	0.00	1.00
服务市场	农户所在村庄的服务组织数量（个）	0.59	1.43	0.00	18.00
村庄位置	ln（村庄距离最近县城的距离）	2.63	0.59	0.74	3.81
自然灾害	是否遭受自然灾害（是＝1；否＝0）	0.82	0.39	0.00	1.00

三、样本基本特征

（一）户主个体特征

户主个体特征如表5-4所示。户主性别特征方面，男性有639人，占总样本的85％；女性有113人，占比15％。从户主年龄分布情况来看，随着年龄段的递增，人数也有所增加。具体地，年龄在18～30岁的仅有3人，占比0.4％；30～40岁的有38人，占比5.05％；年龄在40～50岁的有137人，占比18.22％；50～60岁年龄段的有329人，占比43.75％；年龄在60岁以上有245人，占比32.58％。可以看出，调研区域的农业从事者大部分是中老年人，这与当前我国农村人口老龄化趋势相一致。户主教育水平特征方面，受教育程度为 6 年及以下的受访者共 229 人，占比 30.45％；6～9 年的人数最多，共计 422 人，占样本农户的 56.12％；9 年以上的共 101 人，占比 13.43％。可见，农业生产经营者的受教育水平普遍较低，大部分是九年义务教育水平。户主的健康情况调查中，认为自身健康情况非常差的仅有 10 人，占比 1.33％；身体状况差的有 36 人，占比 4.79％；自评身体状况一般的有 85 人，占比 11.3％；自评身体状况好的有 324 人，占比 43.09％；自评身体状况非常好的有 297 人，占比 39.49％。调研对象身体健康状况较好，没有因年龄退出农业生产。户主兼业情况方面，外出务工的有 192 人，占比 25.53％；绝大多数的户主没有选择外出务工，人数占比 74.47％。可以看出，样本农户大多还是以农业生产为主。经济的下行压力加之新冠疫情的冲击，农户非农就业的难度加大，兼业程度较低。参加技术培训方面，没有参加技术培训的农户为 543 人，占总样本的 72.21％；参加过技术培训的农户仅有 209 人，占总样本量的 27.79％。技术培训可以帮助农户习得新技术、新生产经营方式等，近几年，合作社、村集体经济组织等发展壮大，组织开展农村技术培训，提高了农户的生产经营能力，进而提高农业生产效率。

表 5-4　户主个体特征

变量	选项	样本量（人）	比例（％）	变量	选项	样本量（人）	比例（％）
性别	男	639	85.00		18～30 岁	3	0.40
	女	113	15.00		30～40 岁	38	5.05
教育水平	6 年以下	229	30.45	年龄	40～50 岁	137	18.22
	6～9 年	422	56.12		50～60 岁	329	43.75
	9 年以上	101	13.43		60 岁以上	245	32.58
是否外出务工	是	192	25.53		非常差	10	1.33
	否	560	74.47		差	36	4.79
是否参加农业技术培训	是	209	27.79	健康状况	一般	85	11.30
	否	543	72.21		好	324	43.09
					非常好	297	39.49

(二) 农户家庭特征

农户的家庭特征内容如表 5-5 所示。家庭成员人数为 2 人及以下的有 213 人，占样本农户总量的 28.32%；成员人数为 3~5 人的共计 470 人，占 62.50%；成员人数为 6 人及以上的共计 69 人，占样本总量的 9.18%。总体上看，样本农户的家庭人口数以 3~5 人为主。有 80.32% 的农户家庭，劳动力数量为 2 人及以下。较小的家庭劳动力规模势必会使农业劳动力要素投入受限，制约农业生产经营规模的扩大。但这同时触发了农户对机械替代劳动力的需求，农户可以选择自购农机或是购买农机服务。从农户家庭是否持有农业机械来看，没有农业机械的农户家庭共计 442 户，占比 58.78%；有 310 户农户家庭持有农业机械，占总样本量的 41.22%。但是需要注意的是，大多数农户家庭持有的都是拖拉机、打药机等小型农机，对大型农机的需求需要通过购买服务来实现。在农业生产经营中，农户一直处于弱势群体的地位，原因之一就是信息不对成。互联网的普及极大地提高了农户的信息获取能力，减弱信息不对称给农户带来的负面影响，调研地区 wifi 覆盖率较高，有 85.11% 农户家中都已经安装 wifi。当前农村土地确权登记颁证工作已经取得较好的成效，但仍然有部

表 5-5　农户家庭特征

变量	选项	样本量（个）	比例（%）	变量	选项	样本量（个）	比例（%）
家庭人口数	2 人及以下	213	28.32	劳动力数量	2 人及以下	604	80.32
	3 人	201	26.73		3 人	73	9.71
	4 人	141	18.75		4 人	60	7.98
	5 人	128	17.02		5 人	13	1.73
	6 人及以上	69	9.18		6 人及以上	2	0.27
是否持有农机	是	310	41.22	家中是否有 wifi	是	640	85.11
	否	442	58.78		否	112	14.89
土地确权情况	没有确权	287	38.16	家中是否有借款	是	284	37.77
	仅确权登记	208	27.66		否	468	62.23
	获得确权证书	257	34.18				

分农户家中还未进行土地确权，占 38.16%；完成确权登记但未获得证书的有 208 户，占 27.66%；完成确权登记且获得证书的有 257 户，占 34.18%。可见农村土地确权登记颁证工作需要进一步落实。家中是否有借款可以反映农户家庭资本积累情况。调研农户中，284 户有借款，占 37.77%；468 户没有借款，占 62.23%。

四、结果与分析

（一）土地规模经营和服务规模经营耦合关系

采用中值分段法，将耦合度和耦合协调度取值划分 4 个区间（赵建吉等，2020），其测算结果如表 5-6 所示。17.42% 的农户土地规模经营和服务规模经营耦合度取值为 $0.5 < C \leqslant 0.8$，处于高度耦合阶段，70.48% 的土地规模经营和服务规模经营耦合度取值为 $0.8 < C \leqslant 1$，处于极度耦合阶段。可以看出土地规模经营和服务规模经营二者的耦合程度较高，基本处于中高水平的耦合。然而，47.87% 样本农户土地规模经营和服务规模经营耦合协调度取值 $0.3 < D \leqslant 0.5$，处于中度耦合协调阶段；31.65% 样本农户耦合协调度 $0.5 < D \leqslant 0.8$，处于高度耦合协调阶段。耦合协调度取值位于 $0.8 < D \leqslant 1$ 范围内的农户仅有 12 人，占样本总量的 1.6%。

总之，土地规模经营和服务规模经营存在高度、极度的耦合关系，但相比之下，土地规模经营和服务规模经营的耦合协调度相对较低。呈现"高耦合，低协调"的特点。"高耦合"验证了农户的土地规模经营和服务规模经营不是对立、割裂的，而是耦合关系，研究假说 5 得以验证。这意味着农户的土地规模经营和服务规模经营为关联性决策，分析农户农业规模经营行为时，有必要将二者放入同一分析框架。"低协调"说明土地规模经营和服务规模经营均处于较低综合发展水平。出现这一现象的原因一是受限于当地土地和服务市场的发育程度，二是与农户的生计策略选择有关。

表 5 - 6　耦合度及耦合协调度

变量	区间	阶段	数量	占比（％）
耦合度	0≤C≤0.3	低度耦合	72	9.57
	0.3＜C≤0.5	中度耦合	19	2.53
	0.5＜C≤0.8	高度耦合	131	17.42
	0.8＜C≤1	极度耦合	530	70.48
耦合协调度	0≤D≤0.3	低度耦合协调	142	18.88
	0.3＜D≤0.5	中度耦合协调	360	47.87
	0.5＜D≤0.8	高度耦合协调	238	31.65
	0.8＜D≤1	极度耦合协调	12	1.60

（二）收入效应分析结果

1. 耦合协调强度的分位式多元回归结果

基于分位式多元回归模型（Fractional Logit）估计耦合协调度的回归，估计结果如表 5-7 所示。15 个控制变量中达到显著水平的有 7 个，健康水平、耕地地形、机械拥有量、农业保险、服务组织数量、自然灾害、村庄距离指标都对耦合协调度具有显著影响。其中，耕地地形、农业保险、服务组织数量、村庄距离指标为显著的正向影响，其余指标为显著的负向影响作用。

表 5 - 7　分位式多元回归模型估计结果

变量	系数	标准误	z 值	变量	系数	标准误	z 值
性别	0.015	0.169	0.09	耕地面积	0.001	0	1.37
年龄	−0.03	0.039	−0.77	机械	−0.017**	0.007	−2.22
教育水平	−0.047	0.043	−1.1	农业保险	0.201***	0.058	3.46
健康水平	−0.053**	0.027	−1.97	服务组织数量	0.047***	0.016	2.93
风险偏好	−0.009	0.020	−0.45	自然灾害	−0.198**	0.077	−2.57
耕地地形	0.126*	0.065	1.94	村庄距离	0.117**	0.05	2.32
劳动力	0.003	0.035	0.08	AIC	0.983		
外出务工	−0.089	0.099	−0.9	对数似然值	−353.679 5		
务农年限	−0.005	0.003	−1.64	样本量	752		

注：***、**、*分别代表在 1％、5％、10％的统计水平上显著。

2. 耦合协调度对收入的影响分析结果

GPSM 第二步的估计结果没有实际的意义，其主要目的是明确公式（5-18）中是否应该包括平方项、三次方项及其交乘项，以及估计出公式（5-18）中的系数。这一步的估计模型如公式（5-17）所示，农户家庭收入作为被解释变量，耦合协调度 D 是核心解释变量，广义倾向得分 R 是解释变量，并采用 OLS 模型进行回归分析。估计结果如表 5-8 所示。耦合协调度一次方、二次方、三次方项，广义倾向得分值的一次方、二次方、三次方项，以及二者交乘项估计系数均显著，说明有必要将其加入公式（5-18）中。同时，这一步估计出来的系数，将直接带入公式（5-18）中进行下一步的估算。

表 5-8　GPSM 第二步的估计结果

变量	系数	变量	系数
D	6.111*** (3.753)	$\widehat{R}^2$	149.436** (2.058)
D^2	−15.634*** (−5.012)	$\widehat{R}^3$	−100.129* (−1.881)
D^3	16.324*** (5.938)	常数项	18.302*** (3.861)
$D*\widehat{R}$	−5.435* (−1.708)	R^2	0.203
$\widehat{R}$	−64.888** (−2.002)	样本量	752

注：***、**、*分别代表在 1%、5%、10%的统计水平上显著，括号内数字为 t 值。

接下来，根据公式（5-18），估计出不同耦合协调度水平下的收入条件期望与处理效果。估计结果如图 5-2 所示。图 5-2（a）中的实线是平均剂量反应函数图，图 5-2（b）中的实线是耦合协调度与农户家庭收入的边际影响，即边际效应函数图。另外两条虚线分别代表 95%的置信上限和置信下限，该值是通过自举法（Bootstrap）重复 500 次所得。由

图5-2（a）可以看出，耦合协调度与农户家庭收入之间呈现呈"N"形关系，即随着土地规模经营和服务规模经营耦合程度从无到有、从低到高，农户家庭收入呈现"上升—下降—上升"的趋势。但是，可以看出在耦合协调水平较低的时候，置信区间膨胀，意味着这一水平下的估计可能并不显著。

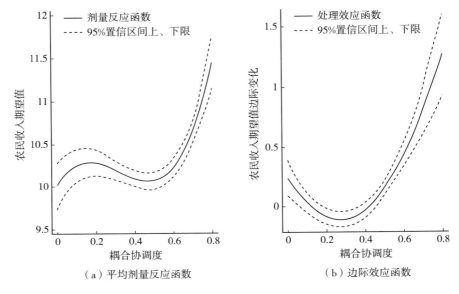

图5-2　广义倾向得分模型估计结果

　　为了弄清楚估计结果的显著性，我们对估计了不同耦合协调度所对应的收入处理效应，结果如表5-9所示。当耦合协调度低于0.10时，土地规模经营和服务规模经营耦合强度对农户家庭收入的处理效应为正，但仅当耦合协调度在0.06及以下水平时在统计意义上才能显著。耦合协调度在［0.14，0.40］区间时，耦合协调度对农户家庭收入的处理效应为负；在［0.18，0.36］区间时，耦合协调度对家庭收入的处理效应为负且在1%的统计水平上显著。在［0.42，0.80］区间时，耦合协调度对农户家庭收入的处理效应为正，当耦合协调度达到0.46之后，耦合协调度对农户家庭收入的影响呈1%水平的正向显著，且系数递增。

表5-9 不同耦合协调度所对应的处理效应估计

D	处理效应	标准误	D	处理效应	标准误	D	处理效应	标准误
0.00	0.246***	0.082	0.28	−0.108***	0.035	0.56	0.305***	0.041
0.02	0.195***	0.073	0.30	−0.104***	0.034	0.58	0.364***	0.048
0.04	0.149**	0.065	0.32	−0.096***	0.034	0.60	0.427***	0.056
0.06	0.106*	0.058	0.34	−0.084**	0.033	0.62	0.494***	0.065
0.08	0.067	0.052	0.36	−0.069**	0.032	0.64	0.564***	0.075
0.10	0.032	0.047	0.38	−0.049	0.030	0.66	0.639***	0.086
0.12	0.000	0.043	0.40	−0.025	0.029	0.68	0.717***	0.097
0.14	−0.027	0.040	0.42	0.003	0.027	0.70	0.800***	0.110
0.16	−0.050	0.038	0.44	0.034	0.026	0.72	0.886***	0.122
0.18	−0.070*	0.036	0.46	0.069***	0.025	0.74	0.976***	0.136
0.20	−0.085**	0.035	0.48	0.109***	0.026	0.76	1.071***	0.150
0.22	−0.097***	0.035	0.50	0.152***	0.028	0.78	1.169***	0.165
0.24	−0.104***	0.035	0.52	0.199***	0.031	0.80	1.271***	0.181
0.26	−0.108***	0.035	0.54	0.250***	0.035			

注：***、**、*分别代表在1%、5%、10%的统计水平上显著。

因此，可以观测出土地规模经营和服务规模经营耦合与农户家庭收入存在"U"形关系，即土地规模经营和服务规模经营耦合对促农增收存在门槛，假说6得以验证。在耦合协调度达到门槛值0.46之前，随着耦合协调度的提升，农户家庭收入水平下降，说明此时低程度的耦合并没有优化家庭资源配置；耦合协调度达到门槛值之后，随着耦合协调度的提升，农户家庭收入水平显著提高，表明土地规模经营和服务规模经营耦合在接近或高于高度耦合状态时，才可以优化家庭资源配置，发挥促农增收的效应。

在二者耦合协调度低于门槛时，农户收入未增反降的原因可能是，土地或服务规模经营提高农户收入均有一定局限。一方面，如果单纯扩大土地经营规模，不能同时保证资本、技术、企业家能力等相关要素的匹配，土地规模扩张所带来的好处则可能被抵消，产生"规模不一定经济"的现象（Luo，2018）。另一方面，服务外包的农户增收效果受到生产性服务外包成本和交易费用的影响，较高的成本和费用会挤压农户利润空间（Ji 等，2017），特别是在服务市场发育不完善的时候尤为明显。当二者耦合协调程度达到门槛后，农业经营内部要素的互补和外部市场的互动使土地规模经营和服务规模经营耦合协调形成新的有机整体，发挥分工整合效应，弥补原系统自身运行的缺陷，进而有效提高农户收入。

（三）门槛前后农户特征分析

结合表 5-6 可知，目前处于门槛前即耦合协调度低于 0.46 的样本农户有 477 户，处于门槛后的农户有 275 户。为了刻画跨越门槛前和跨越门槛后的农户等特征，选择劳动力素质、兼业程度、土地市场发育度及服务市场发育度 4 个角度、6 个变量进行门槛前后的群组特征的差异性检验。结果如表 5-10 所示。从劳动力素质角度看，门槛前劳动力平均年龄大于门槛后劳动力平均年龄且在 5% 的水平上显著。同样的，劳动力平均受教育年限在门槛前和门槛后农户群体中存在显著差异，表现为门槛后农户群体的平均受教育年限较高。家庭劳动力数量则是门槛后的农户群体较多，但这一差异统计上并不显著。从兼业程度角度看，门槛后农户群体比门槛前农户群体兼业程度略低，但统计上并不显著。从土地市场发育度看，门槛后农户群体所在村庄的土地市场发育程度显著高于门槛前农户群体。服务市场发育度分析也得到了同样的结果。

表 5-10　门槛前后农户特征差异检验（T 值检验）

类别	变量	门槛前	门槛后	MeanDiff
	年龄	57.570	55.916	-1.654^{**}
劳动力素质	教育水平	8.048	8.629	0.581^{***}
	劳动力数量	2.151	2.222	0.071
兼业程度	兼业程度	0.287	0.247	-0.040
土地市场	土地市场发育度	0.407	0.461	0.054^{***}
服务市场	服务市场发育度	0.856	0.879	0.023^{**}

注：$***$、$**$ 分别代表在 1%、5% 的统计水平上显著。

伴随城镇化和工业化的发展，农村劳动力出现老龄化的趋势，老龄化人口正在以土地抛荒和土地转出两种途径退出农业生产（仇童伟和彭嫦燕，2023；Ren 等，2023），或者是进行小规模的农业生产，高素质的新型农业经营主体将是农业规模经营的主要力量。此处，门槛后的农户群体所在村庄的土地市场和服务市场发展水平较高。土地流转市场和外包服务市场的日趋完善为农户重新配置生产要素提供了更多可能（于爱华等，2021），土地市场发育度和服务市场发育度高的村庄可以为农户提供更方便的土地流转服务和农机服务，有利于实现农业资源的优化配置，促进土地规模经营和服务规模经营的协同发展。

（四）进一步分析

上述分析分析结果显示，双规模耦合协调度在跨过门槛后，会促使农户收入水平提高，但其作用机制是什么呢？农业规模经营是农户配置家庭资源的一种方式，家庭资源配置效果是否得到改善主要取决于土地和劳动力要素配置的效率是否提高。因此，我们推测双规模耦合协调经营可以通过提高农户的土地和劳动力要素配置效率，进而提高其家庭收入水平。我们构建中介效应模型，对双规模耦合协调经营的促农增收效果的作用机制进行实证检验。模型构建如下：

$$\ln Y_i^* = c_0 + c_1 D_i + c_2 Control_i + \varepsilon_i \qquad (5-19)$$

$$M_i = a_0 + a_1 D_i + a_2 Control_i + \delta_i \qquad (5-20)$$

$$\ln Y_i^* = b_0 + c_1' D_i + b_1 M_i + b_2 Control_i + \mu_i \qquad (5-21)$$

上述公式主要关注的系数如下：c_1 表示双规模经营耦合协调度对农户家庭收入（Y_i^*）的总的影响程度；a_1 表示双规模耦合协调度对中介变量（M_i）的影响程度；c_1' 表示在控制中介传导机制后，耦合协调度对农户家庭收入的影响程度；b_1 表示中介变量对家庭收入的影响程度。模型估计时，使用土地产出率指标衡量土地要素配置效率，通过亩均产量测算；使用劳动生产率指标衡量劳动力要素配置效率，通过人均产量测算。

模型估计结果如表 5-11 所示。模型Ⅰ～Ⅲ是检验土地要素配置效率的中介效果，模型Ⅳ～Ⅵ是检验劳动力要素配置效率的中介效果。模型Ⅱ和模型Ⅴ的结果表明，跨过门槛后，双规模耦合协调经营对土地产出率和劳动生产率的影响为正向且在5%的水平上显著，系数分别为0.053和6.283。模型Ⅲ和模型Ⅵ的结果表明，在添加中介变量后，双规模耦合协调经营对农民收入的影响仍然为正向且显著。且土地产出率和劳动生产率发挥部分中介作用，分别占14.1%和14.5%。由上述结果可知，双规模耦合协调度跨过门槛后，可以优化土地和劳动力要素的配置效率，从而增加农民的收入。

表 5-11　中介效应检验结果

变量	土地产出率			劳动生产率		
	模型Ⅰ	模型Ⅱ	模型Ⅲ	模型Ⅳ	模型Ⅴ	模型Ⅵ
	收入	亩均产量	收入	收入	人均产量	收入
$D \geqslant 0.46=1$; $D < 0.46=0$	0.164***	0.053**	0.141**	0.164***	6.283**	0.140**
	(0.056)	(0.025)	(0.055)	(0.056)	(2.674)	(0.055)
亩均产量	—	—	0.439*** (0.079)	—	—	—
人均产量	—	—	—	—	—	0.004*** (0.001)
控制变量	已控制	已控制	已控制	已控制	已控制	已控制
R^2	0.359	0.063	0.370	0.359	0.653	0.380
样本量	752	752	752	752	752	752

注：***、**、*分别代表在1%、5%、10%的统计水平上显著，括号内数字为标准误。

（五）稳健性检验

为了验证前文实证结果的稳健性，采用中国社会科学院农村发展研究所进行的中国乡村振兴调查数据，进行稳健性检验。该调查于2020年8—9月在广东省、浙江省、山东省、安徽省、河南省、黑龙江省、贵州省、四川省、陕西省和宁夏回族自治区等十个省（区）开展，调查数据覆盖全国50个县（市）、156个乡（镇），共获得300份村庄调查问卷和

3 800 余份农户调查问卷，搜集了 1.5 万余人的家庭成员信息。由于数据的可得性，指标做了调整：将服务规模经营指标体系中反应交易成本的指标变更为网络获取信息的难易程度，反应服务深度的指标变更为生产性服务购买费用总和。协变量变更如下：个体特征包括年龄、教育等级、政治面貌；家庭特征包括互联网使用度、您家是否加入合作社、是否参加农业保险；家庭经营特征包括耕地细碎化程度、耕地地形；外部环境特征包括村庄外出比例、村委会距离县政府距离（千米）、外包比例及耕地流转情况。

图 5-3（a）、图 5-3（b）所示为剂量反应函数图和边际效应函数图。从图 5-3（a）可见，土地规模经营和服务规模经营耦合与农户收入仍呈现"U"形关系，与上述分析结果一致。在前期，土地规模经营和服务规模经营耦合协调程度的不断上涨对农户收入起到抑制作用，此时表现为二者相互抵制发展。并且土地规模经营和服务规模经营还在初期阶段，无法优化彼此发展形式。而在进入到门槛后，随着耦合协调度的上升，农户收入也会有质的变化。

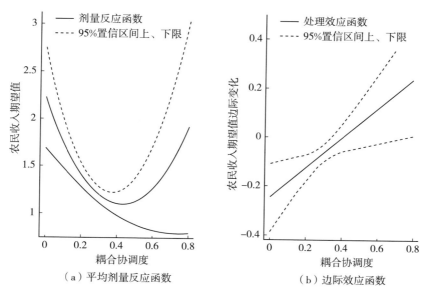

图 5-3　广义倾向得分模型估计结果

同样地，本书通过自举获得这些因果效应的标准差，并选取不同耦合协调度取值 T，将这些取值下的因果效应大小及其估计标准差列于表 5 - 12。结果表明，t 在 [0，0.40] 区间内，土地规模经营和服务规模经营耦合协调强度与农户收入呈负相关。在 [0.42，0.80] 区间内，二者耦合协调强度与农户收入呈正相关，且当 t⩾0.62 之后，耦合协调度与农户收入的正相关关系在统计学意义上显著。由此可知，此时"门槛"值为 0.62。虽与上述分析的门槛值存在差异，但结果均表示低程度耦合无法提高收入，反而会抑制收入；高程度耦合才能实现促农增收效果。

表 5 - 12　不同耦合协调度所对应的处理效应估计

D	处理效应	标准误	D	处理效应	标准误	D	处理效应	标准误
0	−0.248***	0.082	0.28	−0.077***	0.018	0.56	0.094	0.064
0.02	−0.236***	0.077	0.30	−0.064***	0.016	0.58	0.107	0.069
0.04	−0.223***	0.072	0.32	−0.052***	0.016	0.60	0.119	0.074
0.06	−0.211***	0.067	0.34	−0.040**	0.017	0.62	0.131*	0.079
0.08	−0.199***	0.062	0.36	−0.028	0.019	0.64	0.143*	0.084
0.10	−0.187***	0.057	0.38	−0.016	0.023	0.66	0.156*	0.089
0.12	−0.174***	0.052	0.40	−0.003	0.027	0.68	0.168*	0.094
0.14	−0.162***	0.047	0.42	0.009	0.031	0.70	0.180*	0.099
0.16	−0.150***	0.042	0.44	0.021	0.035	0.72	0.192*	0.104
0.18	−0.138***	0.038	0.46	0.033	0.040	0.74	0.204*	0.109
0.20	−0.126***	0.033	0.48	0.046	0.045	0.76	0.217*	0.114
0.22	−0.113***	0.029	0.50	0.058	0.049	0.78	0.229*	0.119
0.24	−0.101***	0.025	0.52	0.070	0.054	0.80	0.241*	0.124
0.26	−0.089***	0.021	0.54	0.082	0.059			

注：***、**、*分别代表在 1%、5%、10%的统计水平上显著。

五、本章小结

土地和服务是土地规模经营和服务规模经营的核心要素，不论是理论与农户经营实践都显示，二者是互补性要素。在核心要素互补的带动下，农户土地规模经营和服务规模经营是相互促进、相互制约的耦合关系。二者耦合的农户增收效应源于土地规模经营带来的横向分工和服务规模经营带来的纵向分工具有的分工整合效应。在理论分析二者耦合及增收效果的基础上，采用辽宁省农户调研数据，构建耦合度、耦合协调度及 GPSM 实证检验。

通过本章的分析，得到了如下的研究结论。第一，土地规模经营与服务规模经营不是简单的因与果的关系，也不是单向的拉动或推动关系，而是相互作用及影响的耦合关系。核心要素的互补性是土地规模经营和服务规模经营耦合的逻辑起点，而耦合的有效性是农户进行土地规模经营和服务规模经营的动机。第二，现阶段中国农村的经验事实表明，土地规模经营和服务规模经营耦合呈现"高耦合，低协调"的特点。第三，土地规模经营和服务规模经营耦合协调度与农户家庭收入可以视为存在"U"形关系，即二者耦合促农增收存在门槛。耦合协调度达到门槛值之后，随着土地规模经营和服务规模经营耦合协调度的提升，农户家庭收入水平显著提高，表明土地规模经营和服务规模经营在接近或高于高度耦合状态时，才可以优化家庭资源配置，发挥促农增收的效应。第四，双规模耦合协调经营可以通过提高土地产出率和劳动生产率来提高农户收入。

土地规模经营和服务规模经营耦合协调发展的时空特征及其影响因素分析

农业规模经营是世界农业发展的共同趋势，也是我国农业经营制度和方式转型的重要方向。在我国农业分散化、小规模经营的局限性日益凸显的背景下，如何有效推进农业规模经营问题成为政府与学术界关注的焦点（Adamopoulos 等，2014；Otsuka 等，2016；Wang 等，2016；Rogers 等，2021）。一直以来，土地规模经营是我国推进农业规模经营的主流思想与政策导向（罗必良，2008；Kagin 等，2016）。然而，其实践效果并不理想（Chari 等，2017；Che，2014；Ma 等，2017；Xu 等，2019；Muyanga 和 Jayne，2019；Cheng 等，2019）。鉴于土地规模经营发展面临的困境，越来越多的学者开始深入探讨服务规模经营的合理性及其形式（Qiao，2017；Li 等，2017）。2017 年发布的《关于加快发展农业生产性服务业的指导意见》中指出，农户通过土地流转扩大土地经营规模，以及根据自身状况和需求选择服务组织提供的专业化服务均是实现农业规模经营的重要途径。随后，中央 1 号文件多次提到要发展"多种形式的适度规模经营"。土地规模经营和服务规模经营俨然已成为实现农业规模经营的"两大引擎"。在农业政策的顶层设计上，农业现代化的战略思路正从"以土地流转为主要抓手"逐步朝着"以强化社会化服务为重点"的"多元化适度规模经营"方向转变。那么，宏观上，土地规模经营和服务规模经营之间是否是耦合关系，影响二者耦合协调发展的因素有哪些？

本章在揭示土地规模经营和服务规模经营耦合机理的基础上，采用

2009—2018 年我国 30 个省份的面板数据，构建指标体系测度土地规模经营和服务规模经营发展水平，量化分析二者的耦合及耦合协调水平，并构建面板固定效应模型探究耦合协调水平的影响因素。在理论上，本章基于耦合视角，采用理论与实证相结合的方法对土地规模经营和服务规模经营关系进行了系统的研究，为农业规模经营研究提供了新的思路。实践中，本章的研究结论可为优化农业规模经营政策提供科学依据，有助于推动农业现代化、实现乡村振兴。

一、理论分析

农业生产过程需要土地、资本、劳动力等多种生产要素共同参与，因此农业规模经营同样具有综合性特征，单一要素规模的扩张并不能支撑农业规模经营的实现。推进农业规模经营的本质是为了实现规模经济，尽管"土地规模经营"和"服务规模经营"都是基于某一核心要素以实现农业规模经营的方式，但这并不意味着扩大了土地规模或服务规模就等同于实现了规模经济，还必须关注其他要素在其中的作用。土地规模经营与服务规模经营相互作用、彼此影响的关系定义为土地规模经营与服务规模经营耦合。二者耦合主要源于要素互补、主体互融和市场互动。首先，在生产主体和服务主体优化要素配置过程中，土地规模经营和服务规模经营的核心要素，即土地和服务是互补性关系。生产主体扩大土地规模尤其是转入与自有地块的相邻地块能够有效解决土地细碎化的问题，实现规模经济。然而，如若土地以外的相关要素（资本、技术、企业家能力等）不能与之合理匹配，那么土地规模扩张所带来的好处可能被抵消，产生"规模不一定经济"的现象。得益于农业生产性服务的正外部性，生产主体可以通过服务外包，缓解自身要素禀赋约束、进一步扩张土地规模。对于服务主体而言，当服务能力过剩时，转入一部分土地进行农业生产可以提高要素利用率，增加收益。其次，土地规模经营和服务规模经营的主体生成相互融通。一方面，农业生产特点决定了农业机械的专用性和季节性较强，加之考虑到购买农机的沉没成本及土地流转期限等，相比自购农机，一部分土地规模经营主体会更倾向选择服务外包，从而产生服务需求。服务需求的汇聚提升了市场容量，促使服务主体生成和发展。另一方面，如上所述，服务主体规模化的服务供给可以缓解生产主体在土地规模扩张时面临的资金、技术、企业家才能等要素的约束，起到了培育土地规模经营主体的作用。最后，要素的互补、主体的互融奠定了互动活跃的土地租赁市场和服务市场。因此，土地规模经营和服务规模经营是耦合协调发展的关系，理论逻辑如图 6-1 所示。

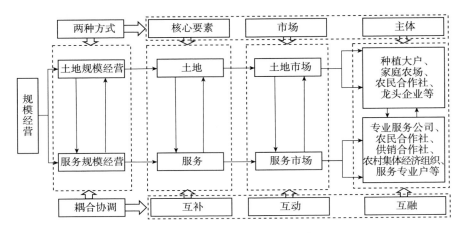

图 6-1　土地规模经营和服务规模经营耦合协调发展机理

二、评价指标体系构建

土地规模经营通过土地成规模、连片化经营，促使投入与产出合理配置，实现横向分工经济。其中，投入包括土地、资本、技术、劳动力投入等，产出是指各生产要素的有效配置，得到最优的劳动生产率、土地产出率（曾福生，2015）。服务规模经营通过农业社会化服务组织实现规模化经营，包括生产资料的规模供给、农业生产技术的统一服务和农产品的统一销售等多种形式（蒋和平和蒋辉，2014）。结合土地规模经营和服务规模经营的内涵，构建如表6-1所示的评价指标体系。从投入和产出两个层面综合评价土地规模经营发展水平，并将农业生产性服务按照产业链条划分为产前的生产资料购买服务，产中的生产服务、技术服务，产后的加工流通服务，以及金融服务五方面，从而弥补以往研究中使用单一指标衡量不准确的问题。

表6-1 评价指标体系

目标层	一级指标	二级指标	指标解释	单位	方向	权重
土地规模经营	投入	人均耕地面积	耕地面积/总人数	％	＋	0.182
		土地集中度	经营耕地10亩以下农户比例	％	－	0.256
		土地流转程度	土地流转面积/耕地面积	％	＋	0.131
		劳动力数量	一产就业人数	万人	＋	0.036
		农业机械总动力	农业机械总动力	千瓦时	＋	0.059
		物质投入	化肥农药施用量/耕地面积	％	＋	0.005
		灌溉面积	有效灌溉面积	千公顷	＋	0.046
	产出	土地产出率	粮食总产量/粮食播种面积	％	＋	0.070
		劳动生产率	人均粮食总产量	千克	＋	0.104
		人均可支配收入	农村人均可支配收入	万元	＋	0.072
		农业收入增长量	第一产业增加值/地区生产总值	％	＋	0.039
服务规模经营	供应服务	提供服务的合作社数量	主要为成员提供购买农业生产资料的农民专业合作社数量	个	＋	0.037
		服务规模	合作社统一组织购买农业生产投入品总值	万元	＋	0.118
	生产服务	提供服务的合作社数量	主要在生产环节提供服务的农民专业合作社数量	万元	＋	0.115
		农机服务面积	机耕、机种、机收总面积	千公顷	＋	0.165
		农机服务组织数量	农用机械组织机构数量	万个	＋	0.140
	技术服务	科研人员	各地区研究人员数	万人	＋	0.030
		农业技术培训	接受合作社技术等方面培训的人数	万人	＋	0.077
		农业科研投入	农业机械化科研投入费用	万元	＋	0.149

（续）

目标层	一级指标	二级指标	指标解释	单位	方向	权重
服务规模经营	加工流通服务	农产品出口情况	农产品出口额	亿元	＋	0.038
		农产品加工业比重	农产品加工业主营业务收入/农业总产值	％	＋	0.052
		加工合作社数量	仓储、运销、加工为主合作社数量	个	＋	0.032
	金融服务	农业贷款额	农村信用社贷款余额	亿元	＋	0.020
		农业保险额	农业保险保费收入	百万元	＋	0.027

三、数据来源与模型构建

数据来源

本书选取 2009—2018 年中国 30 个省份作为样本区间，指标数据主要取于 2009—2018 年的《中国统计年鉴》《中国农村经营管理统计年报》《中国农村统计年鉴》《中国农业机械工业年鉴》《中国农业年鉴》《中国金融年鉴》《中国保险年鉴》，以及中国商务部贸易司等相关统计年鉴（公报、资料）和国家统计局网站等相关网站的数据。因西藏地区数据缺失程度较严重，未将其纳入研究范围。

（二）模型设定

1. 权重确定

土地规模经营、服务规模经营均是一个复杂系统，且系统内部的土地规模经营发展水平、服务规模经营发展水平呈现出一定的阶段性、动态性和复杂性，因此，对于土地规模经营、服务规模经营的测度，不能用单一的指标参数来表征，应采用多指标综合评价分析法。AHP 与熵权法组合赋权能够避免 AHP 人为确定各因子相对重要性和熵权法极值影响所引起

的误差。本书采用 AHP -熵值法计算综合权重，各指标组合权重公式
如下：

$$a_i = \frac{\sqrt{a_{1i} \cdot a_{2i}}}{\sum\limits_{i=1}^{m} \sqrt{a_{1i} \cdot a_{2i}}}, \quad b_i = \frac{\sqrt{b_{1i} \cdot b_{2i}}}{\sum\limits_{i=1}^{n} \sqrt{b_{1i} \cdot b_{2i}}} \qquad (6-1)$$

其中，m、n 分别为土地规模经营和服务规模经营评价指标体系中指标的总个数，a_{1i}、b_{1i} 为采用 AHP 计算出的各个指标的权重，a_{2i}、b_{2i} 为熵权法计算出的各个指标的权重，a_i、b_i 为采用几何平均法算出的 AHP -熵值法的综合指标权重。各指标的权重赋值参见表 3 - 1。

2. 耦合度和耦合协调度模型

确定各个指标权重之后，通过综合评价模型，测算土地规模经营和服务规模经营综合水平。模型构建如下：

$$U_1 = \sum\limits_{i=1}^{m} a_i x_{ij}, \quad U_2 = \sum\limits_{j=1}^{n} b_i y_{ij} \qquad (6-2)$$

x_{ij}、y_{ij} 为土地经营规模、服务规模经营评价指标的标准化值，U_1、U_2 分别表示土地经营规模、服务规模经营的综合得分。

耦合度（Coupling degree）用来描述系统或系统内部要素之间相互作用、彼此影响的程度，判断二者相互作用大小，验证二者之间是否存在耦合关系。本书采用耦合度模型，计算两种规模经营方式的耦合度值。模型构建如下：

$$C = \left[\frac{U_1 * U_2}{\left(\dfrac{U_1 + U_2}{2} \right)^2} \right]^{\frac{1}{2}} \qquad (6-3)$$

C 是耦合度，其值介于 [0，1]。当 C=0 时，耦合度极低，表明各子系统之间处于无关状态，系统向无序发展；当 C=1 时，耦合度最大，表明各子系统之间相作用程度越强。

耦合度突出的是系统或系统内部要素之间相互作用程度的强弱，不分利弊，存在两系统均处于较低的综合发展水平，却得到较高的耦合度的情况。耦合协调度（Coupling coordinative degree）是度量系统或系统内部

要素之间在发展过程中彼此和谐一致的程度，体现了系统由无序走向有序
的趋势。耦合协调度是在考虑子系统综合发展水平的基础上测算系统间同
步程度，体现了协调状况好坏程度。本书采用耦合协调度模型测算两种规
模经营方式的耦合协调度。模型构建如下：

$$T = \alpha U_1 + \beta U_2 \; ; \; \alpha + \beta = 1 \qquad (6-4)$$

$$D = (CT)^{\frac{1}{2}} \qquad (6-5)$$

其中，C 是耦合度，$0 \leqslant C \leqslant 1$，根据耦合度值的变化，采用中值分段
法，将耦合度划分以下 4 个区间：$0 \leqslant C < 0.3$ 为低水平耦合阶段；$0.3 \leqslant$
$C < 0.5$ 为拮抗阶段；$0.5 \leqslant C < 0.8$ 为磨合阶段；$0.8 \leqslant C \leqslant 1$ 为高水平耦
合阶段。T 为综合发展水平。α、β 为待定系数，T 综合发展水平的计算
结果与 α、β 取值有关，但实际上 α、β 对综合发展水平计算结果的影响并
不大，甚至基本没有产生影响。因为土地规模经营和服务规模经营同样重
要，所以本书的待定系数都取 0.5。D 为耦合协调度，$0 \leqslant D \leqslant 1$。参考已
有文献（翁钢民和李凌雁，2016），将耦合协调度划分为 6 个等级：$0 \leqslant$
$D < 0.4$ 为严重失调阶段；$0.4 \leqslant D < 0.5$ 为轻度失调阶段；$0.5 \leqslant D < 0.6$
为勉强协调阶段；$0.6 \leqslant D < 0.7$ 为初级协调阶段；$0.7 \leqslant D < 0.8$ 为中级协
调阶段；$0.8 \leqslant D \leqslant 1$ 为高级协调阶段。

3. 面板回归模型

随机效应、固定效应是主要的面板线性回归模型。随机效应模型将
遗漏的个体特征变量考虑到随机误差项中，这是一个很强的假设，一般
不成立。而固定效应模型认为个体特征变量属于解释变量，即固定效应
模型中的解释变量可以与个体特征变量相关，但是随机效应中不能。因
此，本书采用固定效应模型分析耦合协调水平的影响因素，模型构建
如下：

$$D_{i,t} = \beta_0 + \beta_1 X_{i,t} + v_t + \varepsilon_{i,t} \qquad (6-6)$$

其中，$D_{i,t}$ 代表第 t 年 i 地区的耦合协调；$X_{i,t}$ 为解释变量的集合，
β_0 为常数项，β_1 为解释变量系数，v_t 表示时间固定效应，$\varepsilon_{i,t}$ 为随机误
差项。

4. 变量设定

一个地区农业规模经营发展的水平及路径是资源禀赋和外部环境共同作用的结果。因此，本书从以上两方面分析影响土地规模经营和服务规模经营耦合协调发展的因素。在资源禀赋方面，主要考察劳动力禀赋、土地禀赋、资本禀赋对耦合协调水平的影响；在外部环境方面，主要考察土地租赁市场和农业生产性服务是市场的影响。具体地变量定义及描述性统计如表6-2所示。

表6-2　变量说明

变量名称	变量赋值	平均值	标准差	最小值	最大值
耦合协调发展水平	耦合协调度	0.404	0.116	0.159	0.732
劳动力禀赋	中青年占比	0.889	0.031	0.785	0.950
	参与农业技能培训人员占比	0.063	0.064	0.009	0.753
土地禀赋	人均耕地面积	2.528	2.150	0.614	10.527
	机耕面积占比	0.340	0.113	0.035	0.700
资本禀赋	单位面积农业机械总动力	7.898	3.625	2.144	17.544
	单位面积化肥、农药投入	0.494	0.226	0.129	1.178
	农业贷款额（取对数）	6.610	0.919	4.060	8.187
外部环境（市场）	土地流转比例	0.202	0.151	0.012	0.886
	服务组织数量（取对数）	7.966	1.340	4.920	10.170

四、结果与分析

（一）土地规模经营及服务规模经营评价指标

土地规模经营的评价指标体系见表6-1。从指标权重可以看出，一级指标层中，投入（0.715）＞产出（0.285）。二级指标权重的前四位分别为土地集中度（0.256）、人均耕地面积（0.182）、土地流转程度（0.131）和人均劳动生产率（0.104）。即从影响土地规模经营的全部指标可以看出，投入指标中有3项指标权重较大，产出指标中有1项指标权重较大。

服务规模经营的评价指标体系见表 6-1。采用同样的方法，一级指标层中，生产服务（0.420）＞技术服务（0.256）＞生产资料购买供应服务（0.155）＞加工流通服务（0.122）＞金融服务（0.047）。二级指标权重的前四位，分别为机械作业情况（0.165）、科研推广（0.149）、农机组织机构数量（0.140）和合作社统一组织购买农业生产投入品总值（0.118）。

（二）农业规模经营发展水平评价

2009—2018 年我国 30 个省份土地规模经营、服务规模经营发展水平均值如图 6-2 所示。二者的发展水平均呈逐年上升趋势，服务规模经营的发展水平低于土地规模经营，但其发展后劲强。土地规模经营和服务规模经营的发展速度分别为 127.9％、225.6％，年均增长率分别为 2.8％和 9.5％。这一特点与我国农业规模经营从"以土地流转为主要抓手"向"以强化社会化服务为重点"转变的发展策略有关。从 20 世纪 80 年代开始，中央 1 号文件就提出鼓励土地流转，让土地向"种田能手"集中，发展土地规模经营，而从 2017 年才开始正式鼓励发展农业社会化服务。从一级指标综合得分来看，土地规模经营的投入综合得分值大于产出综合得分值，

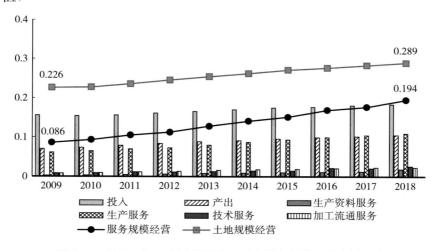

图 6-2　2009—2018 年土地规模经营和服务规模经营发展水平

服务规模经营的生产服务综合得分值最高，其次是加工流通服务、技术服务。总之，从土地规模经营、服务规模经营的发展趋势可以看出，二者并非此消彼长，而是同步上升。

（三）耦合度及耦合协调度分析

2009—2018 年我国土地规模经营和服务规模经营的耦合度及耦合协调度的测算结果如图 6-3 所示。结果显示，研究期间，二者耦合度数值在 0.805~0.913 的范围内，处于高水平耦合阶段，且耦合度一直保持着上升趋势。这在一定程度上表明二者吸收了彼此发展带来的影响，且关联性在正向增强。耦合协调度数值处在 0.346~0.459，呈现上升趋势，其中，2009—2013 年属于严重失调阶段，2014—2018 年过渡到轻度失调阶段。协调发展是一种良性耦合的发展状态，我国土地规模经营和服务规模经营的协调发展水平比较低，表明二者并未实现在高水平上的相互促进。以上分析结果显示，土地规模经营和服务规模经营的发展呈现"高耦合，低协调"的阶段性特征。发展初期，土地的财产属性及土地流转的交易费用致使土地租赁市场发育迟缓，服务市场容量受限。2013 年新一轮土地确权政策的实施，加速了土地流转，推动了土地租赁市场发育。此时，完成资本积累的农户通过自购农机得以实现适度规模经营，但一部分农户因资本等要素禀赋的约束，无法进一步扩张土地规模。这部分农户往往通过农业生产性服务外包规避生产要素局限，以迂回的方式采纳新技术要素（Ma 等，2018），由此带动服务市场的扩容和升级。因此，2013 年以后土地规模经营和服务规模经营的耦合协调水平得以提高。2017 年起农业生产性服务的发展得到各级政府的高度重视，其快速发展势将反哺土地规模经营发展，二者的耦合协调度势必会持续提升。

同时，本书测算了各省份的耦合协调度，以探讨土地规模经营和服务规模经营耦合协调发展的空间分布特征。根据耦合协调度的等级分类标准，以 2009 年和 2018 年为例，得到表 6-3 的结果。2009 年仅有黑龙江、山东 2 个省份进入协调等级，其中黑龙江省处于初级协调等级，山东省处

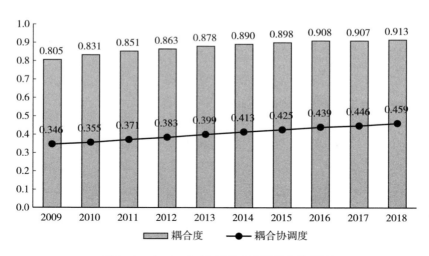

图 6-3　2009—2018 年耦合度及耦合协调度

于勉强协调等级。2018 年，11 个省份进入协调等级，其中，黑龙江省过渡到中级协调等级，山东省和河南省升入初级协调等级，内蒙古等 7 个省份则越进勉强协调等级。而北京、天津、上海等地耦合协调度等级并未提升，仍处于严重失调等级。我国土地规模经营和服务规模经营耦合协调度等级呈现空间分布不均衡的特点，这与各省份农业资源禀赋差异有关。例如，黑龙江省西部属松嫩平原，东北部为三江平原，且人均耕地面积居全国首位，种植业主要以粮食作物为主，这些区域特征为土地规模经营和服务规模经营协调发展提供了条件。反观北京、天津等地，农业占比较小且以经济作物为主等因素则制约了二者的协调发展。总之，样本考察期内，除少数省份外，其余省份耦合协调水平的所属等级均实现了不同程度的升级。考虑到各地资源禀赋的差异，应因地制宜制定农业规模经营发展策略。

表 6-3　各省份耦合协调度等级分类

协调等级	2009 年	2018 年
高级协调	—	—
中级协调	—	黑龙江
初级协调	黑龙江	山东/河南

（续）

协调等级	2009 年	2018 年
勉强协调	—	内蒙古/吉林
	山东	河北/江苏/湖北/安徽/湖南/四川
轻度失调	河北/安徽/内蒙古/吉林	新疆/甘肃/辽宁
	江苏/湖南/河南/四川	广东/山西/江西/陕西
严重失调	北京/天津/上海/广西/云南/甘肃/青海/宁夏/贵州/陕西/海南/湖北/山西/新疆/辽宁	北京/天津/上海/浙江/重庆/云南/宁夏/青海/海南
	福建/浙江/广东/重庆/江西	福建/广西/贵州

（四）耦合协调发展的影响因素分析

本书从区域的土地禀赋、资本禀赋、劳动力禀赋和外部环境四个方面构建面板回归模型，探讨影响土地规模经营和服务规模经营耦合协调发展水平的因素。在使用固定效应模型进行参数估计之前，先进行 Hausman 检验，考察模型选择是否适宜。Hausman 检验（chi^2＝86.68，P＝0.000）结果显示，在固定效应模型与随机效应模型中应选择固定效应模型。进一步，固定效应模型的估计结果显示（表 6 - 4），劳动力禀赋中的参与农业技能培训人员占比的回归系数为 0.075 且在 1％水平下显著为正，表明劳动力的技能水平能够提高土地规模经营和服务规模经营耦合协调发展水平。土地禀赋中的机耕面积占比系数为 0.103 且在 1％水平下显著为正，而人均耕地规模的影响并不显著，表明提高机耕面积可以有效促进二者的耦合协调发展。农机需要在一定的空间范围内进行往复循环与转向运动，地块面积狭小与地块位置分散增加了机械替代劳动的难度。因此，机耕面积占比高一定程度上可以说明土地平整、集中连片、田间道路建设较好，而上述土地禀赋可以同时提高土地规模经营和服务规模经营发展水平，进而推动二者耦合协调发展。资本禀赋中的农业贷款额的回归系数为 0.008 且在 5％水平下显著为负，表明农业贷款显著降低了两种规模经营方式的协调发展。一个地区的农业贷款金额高，除了可以说明该地区的农业金融支持力度强以外，也可以反映出该地区农业相关主体自身资本积累不足。而原始资本的不足势必会制约生产主体和服务主体的经营规模扩张，制约土地规模经营和服务规模经营发展。外部环境中的土地流转比例、服务组织数量的回归系数分别为 0.109、0.033，均在 1％水平下显著为正，表明土地租赁市场和服务市场发展水平可以提高两种规模经营方式耦合协调发展水平。

表 6 – 4　面板回归模型估计结果

	变量	系数	标准误	T 值
劳动力禀赋	中青年占比	0.119	0.072	1.65
	参与农业技能培训人员占比	0.075***	0.014	5.34
土地禀赋	人均耕地面积	−0.006	0.006	−1.02
	机耕面积占比	0.114***	0.027	4.22
	单位面积农业机械总动力	0.000	0.001	0.22
资本禀赋	单位面积化肥、农药投入	−0.026	0.019	−1.34
	农业贷款额	−0.008**	0.004	−2.22
外部环境	土地流转比例	0.109***	0.023	4.76
	服务组织数量	0.033***	0.003	10.70
_cons		0.005	0.070	0.08
时间固定效应		是		
N		300		
R^2		0.927		

注：***、**、*分别代表在 1％、5％、10％的统计水平上显著。

五、本章小结

本章从宏观视角，结合耦合理论，从要素、市场、主体角度揭示了土地规模经营和服务规模经营耦合的理论逻辑，采用 2009—2018 年中国 30 个省份的数据，测算了二者的耦合度、耦合协调程度并对其时空特点进行了分析。进一步地，从土地禀赋、农业资本禀赋、农业劳动力禀赋及外部环境四方面探讨了影响二者耦合协调发展的因素。

　　本章主要研究结果如下：第一，我国土地规模经营和服务规模经营发展水平总体上呈现同步上升趋势，且土地规模经营水平高于服务规模经营水平。但近年来服务规模经营发展水平迅速提高，这得益于我国多举措完善土地流转市场及健全农业社会化服务体系。这一特点印证了我国农业规模经营由"以土地流转为主要抓手"向"以强化社会化服务为重点"的策略转变。第二，现阶段，我国土地规模经营和服务规模经营发展呈现出"高耦合，低协调"的特点。二者的耦合度取值集中在 $[0.805, 0.913]$ 区间，处于高水平耦合等级，而耦合协调度取值集中在 $[0.346, 0.459]$ 区间，处于失调等级。我国土地规模经营和服务规模经营的耦合协调发展水平存在空间分布不均衡的特点，这一定程度上与各地域的资源禀赋有关。整体上，与 2008 年相比，2019 年除少数省份外，多数省份耦合协调度的所属等级均实现了不同程度的升级。考虑到各地资源禀赋的差异，应因地制宜制定农业规模经营发展策略。第三，我国土地规模经营和服务规模经营耦合协调发展水平受到资源禀赋和外部环境的共同影响。固定效应模型估计结果显示，劳动力禀赋因素中的劳动力技能、土地禀赋因素中的机耕面积、外部环境因素中的土地租赁市场和服务市场发展水平均可以显著提高二者的耦合协调发展水平，而资本禀赋因素中的农业贷款则起到了制约作用。

第七章　租赁土地和服务供给方式的社会投资对农户收入的影响

实施乡村振兴战略，关键要抓住"人、地、钱"，构建要素自由流动、资源高效配置的制度体系。有序引导社会投资主体下乡，投资乡村产业，提升农村产业化经营水平，是促进乡村产业振兴的有效途径，能够有效解决农村社会对于发展产业所需的资本要素短缺的问题。本书旨在从农民收入增长和收入分配两个层面，分析在政府政策支持下的社会投资主体下乡对农户收入的影响，进而提出引导、推动社会投资主体下乡发挥促农增收效应的对策建议。本书的边际贡献体现在：①将社会投资主体下乡政策纳入分析框架，识别政策效果；②采用 PSM-DID 方法，解决社会投资主体下乡和农户收入的内生性问题，提高估计结果的有效性；③从社会投资主体下乡方式、农户禀赋、外部环境三方面探讨了异质性，丰富了相关研究内容的同时，有助于厘清相关政策促农增收的情境依赖，为政策优化提供理论依据。

一、政策背景与理论分析

(一) 政策背景

农村产业的发展方向是延长农业产业链和提高农产品附加值，这一过程需要密集的资金投入才能实现。但在城乡发展不平衡的背景下，农村社会对于发展产业所需的资金要素难以完全自给，引导社会投资主体下乡是解决这一问题的传统思路。通过政策梳理发现，改革开放以来，伴随着农村商业体制的改革，我国的社会投资主体下乡政策经历了三个发展阶段（表7-1）。第一阶段：1991—2001年，有条件地限制社会投资主体涉农，从加强农业社会化服务体系建设到农户承包地使用权流转；第二阶段：2002—2012年，放宽社会投资主体进入农业农村，从农业产业化经营到建立紧密型的利益联结机制；第三阶段：2013年至今，鼓励和支持社会投资主体进入农业农村，从农业经营方式创新到引导新型农业经营主体提升规模经营水平。特别是党的十八大以来，从国务院颁布的《关于加快发展现代农业进一步增强农村发展活力的若干意见》首次提出"鼓励和引导城市工商资本到农村发展适合企业化经营的种养业"，到《乡村振兴战略规划（2018—2022年）》提出"合理引导工商资本下乡，推动乡村大众创业万众创新，培育新动能"，构建市场机制、支持社会投资主体下乡已成为推动乡村振兴的有效方法。

表7-1　社会投资主体下乡政策演化

政策演变阶段划分	政策名称	政策内容
有条件地限制社会投资主体涉农（1991—2001年）	《关于加强农业社会化服务体系建设的通知》（1991）	鼓励贸工农一体化、产供销一条龙的系列化综合服务组织
	《关于做好农户承包地使用权流转工作的通知》（2001）	限制工商企业长时间、大面积租赁和经营农户承包地，工商企业投资农业应当主要从事产前、产后服务和"四荒"资源开发
放宽社会投资主体进入农业农村（2002—2012年）	《中华人民共和国农业法》（2002）	引导和支持从事农产品产加销的企业与农民及其合作组织订立合同，形成农业产业化经营
	《国务院关于积极发展现代农业扎实推进社会主义新农村建设的若干意见》（2006）	鼓励各类工商企业通过收购、兼并、参股和特许经营等方式，参与农村市场建设和农产品、农资经营，培育涉农商贸企业集团
	《中共中央关于推进农村改革发展若干重大问题的决定》（2008）	统筹城乡产业发展，优化农村产业结构，发展农村服务业和乡镇企业，引导城市资金、技术、人才、管理等生产要素向农村流动

（续）

政策演变阶段划分	政策名称	政策内容
鼓励和支持社会投资主体进入农业农村（2013年以后）	《中共中央关于全面深化改革若干重大问题的决定》（2013）	推进家庭经营、集体经营、合作经营、企业经营等共同发展的农业经营方式创新，鼓励和引导社会投资主体到农村发展适合企业化经营的现代种养业
	《关于引导农村土地经营权有序流转发展农业适度规模经营的意见》（2014）	引导社会投资主体发展良种苗繁育、高标准设施农业、规模化养殖等适合企业化经营的现代种养业，开发农村"四荒"资源发展多种经营。支持农业企业与农户、农民合作社建立紧密的利益联结机制，实现合理分工、互利共赢
	《深化农村改革综合性实施方案》（2015）	鼓励和支持工商企业发展适合企业化经营的现代种养业、农产品加工流通和农业社会化服务
	《关于加快构建政策体系培育新型农业经营主体的意见》（2017）	支持新型农业经营主体和社会投资主体投资土地整治和高标准农田建设，引导新型农业经营主体多元融合发展和多路径提升规模经营水平
	《乡村振兴战略规划（2018—2022年）》（2018）	鼓励社会投资主体到农村投资适合产业化、规模化经营的农业项目，与当地农户形成互惠共赢的产业共同体
	《国务院关于促进乡村产业振兴的指导意见》（2019）	有序引导社会投资主体下乡，助力乡村产业振兴
	《中华人民共和国乡村振兴促进法》（2021）	鼓励社会投资主体到乡村发展与农民利益联结型项目

（二）理论分析

一般而言，较之于农业，从事二、三产业所获得的收益更加丰厚和更趋稳定。然而，在宏观经济低迷的环境下，众多企业拥挤在制造业、建筑业等传统领域，竞争趋于饱和，加之原材料、劳动力等要素成本不断攀升，行业利润一再被摊薄。因此，一部分企业主动到农村寻找新的投资领域。此外，近年来各地政府在资金融通、土地规整、基础设施建设、财产保险、人员培训等方面提供优惠和补贴政策，为社会投资主体下乡创造了优质的软硬件条件，大幅降低了涉农企业在设立、运营、管理中的交易成本。总之，在宏观经济环境和诸多政策红利的诱导下，大量社会投资涌入农村和农业领域。社会投资作为一种"外生动力"，使农户享受了社会投资带来的知识、技术溢出效应，推动农业生产发展，促进农户家庭要素的优化配置（刘魏等，2016），提高农户家庭收入。考虑到数据的可得性，本书着重分析以下两种方式的社会投资主体下乡对农户收入的影响：一是通过大规模租入农地以从事现代农业经营活动（张良，2016），以下简称租赁土地方式；二是为农户提供社会化服务，包括良种、农资连锁经营、农产品现代物流、新型农技服务、农机跨区作业、农业信息等服务（涂圣伟，2014），以下简称提供社会化服务方式。租赁土地方式的社会投资一方面能够促进农村土地流转市场发育（黄建伟和陈东强，2022），使农业生产能力低的农户转出土地，获得地租收入。另一方面还可以促进农户非农就业，使其获得工资性收入（冯娟，2021）。农户通过生产性服务外包可以缓解其在扩大土地经营规模时面临的劳动力、技术、资金等的约束，生产性服务外包对农户扩大土地经营规模具有正向影响（章丹等，2022）。因此，工商企业提供农业社会化服务，可以促进生产经营能力较强的农户转入土地，有效发挥规模经济效应。此外，下乡企业可为村庄带来高水平人才和先进技术等，可以促进科技、管理等知识传播，提升农业生产者素质。为了方便自身的经营活动，工商企业通常会积极改善各项农业基础设施，使农户从中受益（李国珍等，2022）。总之，社会投资主体下乡推动了城乡要素流动，是资金、技术、管理等要素与农村土地、劳动力等要素组合生产的过程，其正外部性有助于农户优化要素配置，完善农户生产经营环境，进而提高家庭总体福利水平。由此，本书提出以下研究假说：

H7：社会投资主体下乡能够提高农户收入。

然而，随着农村经济社会结构转型的深入推进及城乡融合关系的深化，中国农户分化进程明显提速。因此，探讨社会投资主体下乡对农户收入的影响效应时不能把农户当作均质性的组织形式。由于农户要素禀赋、个人能力上的异质性，并非所有农户都可以均等地从社会投资主体下乡政策中获益。当低收入群体从增长中获益少于高收入群体，会导致收入分配不平等，扩大收入差距。因此，有必要通过分析社会投资主体下乡对不同收入的农户群体收入的异质性影响，探讨其收入分配效果。工商资本的逐利属性与农户利益存在对立关系，导致与农争地、与民争利的结果（杨雪锋，2017）。工商企业下乡虽然提供了一些就业机会，但往往只有较少的承包户能够进入企业打工，而大规模的土地流转则会释放大量无地劳动力，造成农户的显性或隐性失业（贺雪峰，2013）。在农业社会化服务市场发育不健全的情况下，工商企业利用信息不对称，垄断市场挤压农户的利润空间。低收入农户群体往往要素禀赋、自身能力相对较弱，在与资本的利益竞争中处于弱势地位，易受到社会投资主体下乡的负外部性的影响。由此，本书提出以下研究假说：

H8：社会投资主体下乡更有利于高收入农户群体收入的提高。

二、数据来源和模型构建

（一）数据来源

本书所使用的数据来自 2014、2016 和 2018 年"中国劳动力动态调查"（China Labor‐force Dynamics Survey，简称 CLDS），该数据是全国第一个以劳动力为主题的全国性跟踪调查，旨在通过劳动力、家庭和社区 3 个层次的数据追踪，反映中国劳动力教育、工作、迁移、健康、社会参与、经济活动、基层组织等方面的现状与变迁。CLDS 样本覆盖中国 29 个省份，调查对象为样本家庭户中的全部劳动力。在抽样方法上，采用多阶段、多层次与劳动力规模成比例的概率抽样方法。CLDS 于 2011 年在广东省开展了试调查，2012 年完成第一次全国性调查，并于 2014 年完成了第一轮追踪调查，在 2016、2018 年进行第二、三轮追踪调查。可见，CLDS 是一份全国大样本调查数据，具有较好的代表性。根据本书的研究目的，对数据作了如下处理：①筛选社区位于农村地区的样本并运用 stata17.0 合并家庭和村庄层面数据；②对变量缺失值采用线性插值法和均值法进行填补；③进一步对农户样本数据的极端值进行剔除及对连续变量进行缩尾处理。经过上述数据处理，最终获得 2014、2016 和 2018 共 3 年的 12 095 份农户家庭非平衡面板数据，覆盖全国 26 个省份（除天津、上海和青海）。

（二）模型设定

1. DID 模型

社会投资主体下乡政策本质上是一种准自然的实验。为了能更加准确地估计出政策效应，探讨社会投资对农户收入的影响，我们采用双向固定 DID 模型作为基准模型，设定如下：

$$\ln w_{it} = \alpha_0 + \alpha_1 dudt + \sum_{i=1}^{N} a_j X_{it} + \mu_i + \lambda_t + \varepsilon_{it} \qquad (7-1)$$

其中，$\ln w_{it}$ 为农户人均收入对数形式，$dudt$ 为政策变量，du 表示农户所在村庄是否有租赁土地或提供社会化服务方式的社会投资，有则 $du=1$，无则 $du=0$，dt 表示政策实施时间，政策实施前则 $dt=0$，实施后则 $dt=1$。X_{it} 为模型的控制变量，μ_i 为控制个体变量，λ_t 为控制时间变量，ε_{it} 为扰动项。

2. PSM - DID 模型

DID 作为基准模型能够得到处理效应并有效解决内生性问题，但对样本偏差问题处理存在欠缺。而倾向得分匹配法（PSM）可以消除样本选择偏差。因此，本书进一步采用 PSM - DID 模型进行稳健估计。模型分两步进行：首先，利用 PSM 逐年进行匹配，处理组是由所在村庄有社会投资的农户家庭构成，控制组由所在村庄没有社会投资的农户家庭构成；其次，利用匹配后的处理组和控制组进行 DID 回归。具体模型设定如下：

$$\ln w_{it}^{PSM} = \beta_0 + \beta_1 dudt + \sum_{i=1}^{N} b_j X_{it} + \mu_i + \lambda_t + \varepsilon_{it} \qquad (7-2)$$

⊞(三) 变量选取

1. 被解释变量

本书重点关注社会投资对农户家庭总体福利水平的影响。因此，定义因变量为农户家庭总收入。且为了剔除家庭规模的影响及减少异方差，采取农户家庭人均总收入，并取对数形式。

2. 核心解释变量

核心解释变量为政策变量 dudt。其中，租赁土地方式的社会投资采用问卷中"本村土地是否被政府或企业征用或租用过"题项衡量；提供社会化服务方式的社会投资则采用问卷中"本村是否被企业提供统一灌溉排水服务、机耕服务、防虫灾害服务、统一购买生产资料服务、种植规划服务、安排劳动力外出服务、非农就业和培训服务"题项衡量。由社会投资主体下乡的政策梳理可知，中央从 2013 年底开始鼓励社会投资主体下乡，并考虑到当年的政策影响下一年的农业生产，本书将 2014 年设定为社会投资主体下乡政策的实施年。

3. 控制变量

参考相关文献（徐章星等，2020），选取农户生产决策者个人、家庭、经营和村庄 4 类特征变量作为控制变量。个人特征包括户主的年龄、教育年限和健康状况；家庭特征包括家庭借贷情况、家庭劳动力性别结构、务农劳动力数量；经营特征包括农用机械和耕地面积；村庄特征包括村庄地势和村庄经济水平。变量定义及描述性统计如表 7-2 所示。

表 7-2　变量定义及描述性统计

变量名称	符号	变量定义	Mean	SD	Min	Max
家庭总收入	lnw	ln（家庭年总收入/家庭总人数＋1）	8.139	1.991	0	12.21
社会投资主体下乡	dudt	政府或企业征用或租用过本村土地（是＝1；否＝0）	0.436	0.496	0	1
		企业是否提供社会化服务（是＝1；否＝0）	0.061 3	0.240	0	1

（续）

变量名称	符号	变量定义	Mean	SD	Min	Max
年龄	*Age*	户主年龄（年）	54.12	11.20	28	78
教育年限	*Edu*	户主受教育程度①	2.510	1.051	1	9
健康状况	*Health*	户主健康水平②	3.461	1.063	1	5
家庭借贷	*Loan*	家庭是否借债（是＝1；否＝0）	0.334	0.472	0	1
性别结构	*Male*	家庭男性（16～64岁）/家庭总人数	0.367	0.190	0	1
务农劳动力	*Labor*	家庭务农劳动力数量（人）	1.667	0.822	0	4
农用机械	*Machine*	家庭是否有大型农机具（是＝1；否＝0）	0.026 7	0.161	0	1
耕地面积	*Area*	家庭经营耕地面积（亩）	6.289	7.734	0	50
村庄地势	*Terrain*	村庄地势是否为平原（是＝1；否＝0）	0.445	0.497	0	1
村庄经济	*lneconomic*	ln（村庄总收入/村庄人数＋1）	9.629	3.278	0	20.72

注：①户主受教育程度：1＝未上过学；2＝小学/私塾；3＝初中；4＝普通高中；5＝职业高中；6＝技校；7＝中专；8＝大专；9＝大学本科。②户主健康水平：1＝非常健康；2＝比较健康；3＝一般；4＝比较不健康；5＝非常不健康。

三、实证结果与分析

（一）DID 模型估计结果

基准回归 DID 模型结果如表 7-3 所示。（1）—（3）为租赁土地方式的社会投资对农户收入的影响效应估计结果，估计时采用逐步法对模型加入控制变量。当只控制户主个体特征时，系数为 0.149，且在 1% 水平上显著。在此基础上，控制了家庭特征时，模型估计系数为 0.150，并在 1% 水平上显著。进一步控制了外部环境时，系数为 0.158，同样在 1% 水平上显著。可见，政策实施后，租赁土地方式的社会投资显著提高了农户收入。（4）—（6）为提供社会化服务方式的社会投资对农户收入的影响效应估计结果。采用逐步回归法加入控制变量后，提供社会化服务方式的社会投资在5％水平下显著降低了农户收入。由此可见，社会投资主体参与农业经营对农户收入的影响不能一概而论，存在方式上的差异。

表 7 - 3　DID 模型估计结果

变量名称	租赁土地			提供社会化服务		
	（1）	（2）	（3）	（4）	（5）	（6）
dudt	0.149***	0.150***	0.158***	−0.228**	−0.235**	−0.237**
	(0.056)	(0.056)	(0.056)	(0.111)	(0.111)	(0.111)
Age	0.001	0.001	0.001	0.001	0.001	0.001
	(0.004)	(0.004)	(0.004)	(0.004)	(0.004)	(0.004)
Edu	0.058**	0.053*	0.053*	0.059**	0.053*	0.054*
	(0.029)	(0.030)	(0.030)	(0.030)	(0.030)	(0.030)
Health	−0.107***	−0.099***	−0.097***	−0.105***	−0.097***	−0.094***
	(0.025)	(0.025)	(0.025)	(0.025)	(0.025)	(0.025)
Loan		−0.050	−0.050		−0.045	−0.046
		(0.054)	(0.054)		(0.054)	(0.054)
Male		0.165	0.146		0.159	0.141
		(0.306)	(0.305)		(0.306)	(0.306)
Labor		0.095***	0.097***		0.095***	0.097***
		(0.035)	(0.035)		(0.035)	(0.035)
Machine		0.021***	0.021***		0.022***	0.021***
		(0.005)	(0.005)		(0.005)	(0.005)
Area		0.298**	0.300**		0.288**	0.289**
		(0.134)	(0.134)		(0.134)	(0.134)
Terrain			0.099			0.088
			(0.078)			(0.078)
lneconomic			−0.022***			−0.021***
			(0.008)			(0.008)
常数项	8.173***	7.810***	7.983***	8.218***	7.855***	8.031***
	(0.255)	(0.287)	(0.306)	(0.255)	(0.286)	(0.305)
个体固定效应	是	是	是	是	是	是
年份固定效应	是	是	是	是	是	是
样本量	12 095	12 095	12 095	12 095	12 095	12 095
R^2	0.569	0.571	0.572	0.569	0.571	0.572

注：***、**、*分别代表在1％、5％、10％的统计水平上显著，括号内数字为标准误。

三 PSM-DID 模型的检验结果

在采用 PSM 进行匹配时，指定所在村庄有社会投资的农户作为处理组，没有社会投资的农户作为控制组。在加入与基准模型中相同的控制变量后，选择近邻匹配（1∶4）方法，使用 Logit 模型逐年进行匹配，并估计倾向得分。PSM 方法估计处理效应的有效性依赖于两个前提条件，即共同支撑假设和平衡性假设。本书通过考察处理组与控制组倾向得分的密度分布图来检验共同支撑假设。由图 7-1 和图 7-2 可知，匹配后处理组和控制组重叠区域增加，匹配效果较好。

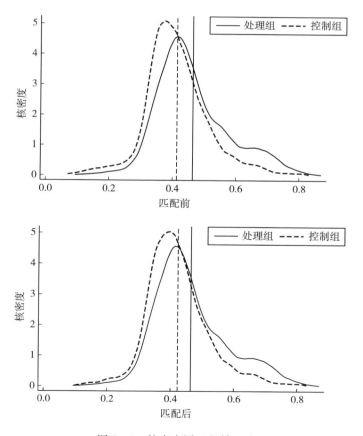

图 7-1　核密度图（租赁土地）

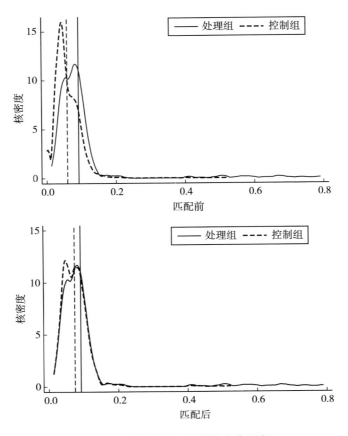

图 7-2　核密度图（提供社会化服务）

　　平衡性检验结果如表 7-4 所示。匹配后，两种方式各年份的伪 R² 均下降。除 2016 年租赁土地方式的 LR 统计量的 P 值小于 0.1 外，其他均大于 0.1，表明协变量不存在显著差异。另外，匹配后，各均值偏差由 16.0% 下降到 4.1% 以下，中位数偏差由 14.9 下降至 3.9 以下，B 值小于 25%。由此可见，总体上匹配后样本总偏误明显降低，两组样本具有类似特征，平衡性检验通过。

　　PSM-DID 模型估计结果如表 7-5 所示。（1）—（3）为逐步回归法下租赁土地方式的社会投资对农户收入的影响。结果显示，其显著提高了农户收入水平。（4）—（6）的结果显示，提供社会化服务方式的社会投资并未提高农户收入，反而是显著减少了农户收入。PSM - DID 估计的结果与前文 DID 结果一致，从而进一步支撑了本书的实证结论，社会投资的促农增收效果存在方式上的异质性。

表 7 - 4　平衡性检验结果

变量	年份		伪 R^2 值	LR 统计量	P 值	均值偏差	中位数偏差	B 值
租赁土地	2014	匹配前	0.047	250.42	0.000	12.6	7.5	51.5*
		匹配后	0.000	1.74	0.998	1.2	1.0	4.3
	2016	匹配前	0.033	214.74	0.000	11.0	7.6	42.3*
		匹配后	0.004	21.93	0.015	4.1	3.9	14.9
	2018	匹配前	0.014	64.87	0.000	6.8	6.9	28.3*
		匹配后	0.000	0.79	1.000	0.9	0.7	3.4
提供社会化服务	2014	匹配前	0.023	46.81	0.000	9.2	6.5	43.8*
		匹配后	0.004	2.82	0.985	3.6	2.7	14.1
	2016	匹配前	0.095	158.48	0.000	16.0	5.5	77.0*
		匹配后	0.003	1.48	0.999	3.1	2.3	12.5
	2018	匹配前	0.025	44.74	0.000	14.2	14.9	46.4*
		匹配后	0.003	2.24	0.994	3.4	3.2	13.2

注：* 表示在 10% 的统计水平上显著。

表 7 - 5　社会投资对农户收入影响的 PSM - DID 估计结果

变量名称	租赁土地			提供社会化服务		
	(1)	(2)	(3)	(4)	(5)	(6)
dudt	0.143**	0.142**	0.151***	−0.208*	−0.216**	−0.208*
	(0.056)	(0.056)	(0.056)	(0.108)	(0.108)	(0.108)
Age	0.001	0.001	0.001	0.000	0.001	0.000
	(0.004)	(0.004)	(0.004)	(0.005)	(0.005)	(0.005)
Education	0.058*	0.052*	0.052*	0.034	0.025	0.026
	(0.030)	(0.030)	(0.030)	(0.034)	(0.034)	(0.034)
Health	−0.107***	−0.099***	−0.096***	−0.105***	−0.096***	−0.093***
	(0.025)	(0.025)	(0.025)	(0.026)	(0.027)	(0.026)
Loan		−0.042	−0.043		−0.044	−0.048
		(0.054)	(0.054)		(0.057)	(0.057)

（续）

变量名称	租赁土地			提供社会化服务		
	(1)	(2)	(3)	(4)	(5)	(6)
Male		0.151 (0.307)	0.131 (0.307)		0.169 (0.323)	0.147 (0.323)
Labor		0.089** (0.035)	0.091*** (0.035)		0.106*** (0.037)	0.108*** (0.037)
Machine		0.296** (0.135)	0.301** (0.135)		0.332** (0.138)	0.334** (0.138)
Area		0.025*** (0.005)	0.025*** (0.005)		0.025*** (0.005)	0.024*** (0.005)
Terrain			0.098 (0.078)			0.071 (0.079)
lneconomic			−0.024*** (0.008)			−0.025*** (0.010)
常数项	7.534*** (0.277)	7.217*** (0.306)	7.429*** (0.323)	7.656*** (0.296)	7.307*** (0.325)	7.539*** (0.345)
个体固定效应	是	是	是	是	是	是
年份固定效应	是	是	是	是	是	是
样本量	12 025	12 025	12 025	10 967	10 967	10 967
R^2	0.569	0.572	0.573	0.568	0.570	0.571

注：***、**、*分别代表在1%、5%、10%的统计水平上显著，括号内数字为标准误。

〔三〕 安慰剂检验

PSM - DID 在双重差分法基础上，通过加入控制组并控制双向固定效应，能够进一步解决样本选择偏误问题。然而，受样本所限，仍可能存在不可观测因素的影响。为此，本书在 PSM - DID 模型的基础上让社会投资主体下乡政策对农户的冲击变得随机，再使这个随机过程重复 500 次，这样的随机处理能够保证有社会投资进入的区域不会对相应的农户收入产生影响。从图 7 - 3 和图 7 - 4 可以发现 500 次随机过程中系数集中分布在 0 的附近，从而证明未观测的农户或者村庄特征几乎不会对估计结果产生影响，之前的估计结果是稳健的。

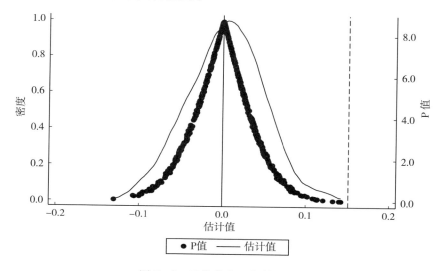

图 7 - 3　系数分布（租赁土地）

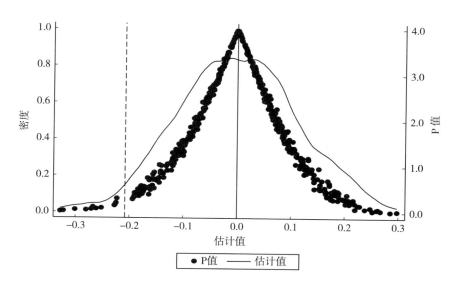

图 7 - 4　系数分布（提供社会化服务）

【四】异质性分析

本书采用分位数回归模型考察社会投资对不同收入水平的农户的异质

性影响，结果如表 7 - 6 所示。租赁土地方式的社会投资提高了农户收入，并在 1％水平上显著，与基准回归结果一致。但对各个分位点上农户收入影响的程度存在差异，Q10～Q90 分位点上的影响系数分别为 0.249、0.260、0.267、0.280、0.299，由小变大。这表明租赁土地方式的社会投资对高收入群体的增收效应大于对低收入群体的增收效应，因此会扩大农户收入差距。可能的原因是，工商企业租赁土地抬高了当地土地流转价格，致使低收入农户无法转入足量土地达到适度经营规模，造成潜在收益损失。

提供社会化服务方式的社会投资显著影响农户收入水平，对不同收入水平农户群体的收入作用由负向转为正向。如表 7 - 6 所示，在 Q10、Q30 分位点上，提供社会化服务方式的社会投资对农户收入水平影响呈负向，在 Q50 及以上分位点上呈现正向影响。同样表明企业提供社会化服务更有利于高收入农户群体的收入提高。可能的原因是，高收入群体的农户劳动力素质较高，通过生产性服务外包替换出的劳动力可以在非农就业市场稳定就业，而低收入群体往往劳动力素质较低，生产性服务外包的目的更倾向于劳苦规避，即便存在富余劳动力也无法在非农就业市场找到稳定工作。另一方面，低收入农户群体的信息获取能力、谈判能力等较弱，特别是在市场不健全的情况下，较高的服务费用和交易成本挤压了增收空间。总之，社会投资下乡更有利于富人的财富积累，应该警惕由此产生的"马太效应"。

表 7 - 6　分位数估计结果

	Q10	Q30	Q50	Q70	Q90
dudt（租赁土地）	0.249***	0.260***	0.267***	0.280***	0.299***
	(0.035)	(0.005)	(0.004)	(0.025)	(0.026)
dudt（提供社会化服务）	−0.391**	−0.276***	0.109***	0.082***	0.327***
	(0.187)	(0.027)	(0.036)	(0.012)	(0.088)
控制变量	已控制	已控制	已控制	已控制	已控制

（续）

	Q10	Q30	Q50	Q70	Q90
个体固定效应	是	是	是	是	是
年份固定效应	是	是	是	是	是
样本量	12 095	12 095	12 095	12 095	12 095

注：***、** 分别表示在 1％、5％的统计水平上显著；括号内数字为标准误。

（五）进一步分析

理论和实证分析结果一致表明租赁土地方式的社会投资提高了农户收入，但是，提供社会化服务方式的社会投资对农户收入影响的理论分析结果和实证结果相悖。因此，探寻提供社会化服务方式的社会投资发挥促农增收效果的机制，对于政策优化具有重要指导意义。上述分位数回归结果给予了一定启示，提供社会化服务方式的效果受到了劳动力素质、服务市场发育程度的调节。

1. 劳动力素质的调节

当前中国农村劳动力的流动遵循"壮年优先，男性优先"的基本规律，留守劳动力呈现老龄化、女性化的趋势。本书从年龄和性别结构来考察农户劳动力素质。分别将家庭拥有的壮年劳动力及男性劳动力数量划分为 0、1～2、2 以上，对应低、中、高水平三组。构建社会投资主体下乡政策实施时点和劳动力素质的三重交互项进行回归，结果如表 7-7 所示。提供社会化服务方式的社会投资与壮年劳动力拥有水平较低组的交乘项系数为 -0.510，且在 10％水平上显著；与中等水平的交乘项系数为 0.022，但是不显著；与高水平的交乘项系数为 0.721，且在 1％水平上显著。同时，提供社会化服务方式的社会投资与男性劳动力拥有水平较低组的交乘项系数为 0.101，但不显著；与中等水平的交互项系数为 -0.515，并在 5％水平上显著，与高水平的交互项系数为 0.626，且在 5％水平上显著。结果表明，提供社会化服务方式的社会投资显著提高了拥有壮年和男性劳动力数量较多的农户家庭的收入，即劳动力素质在提供社会化服务方式的社会投资的促农增收过程中起到了调节作用。

表7-7　劳动力素质的调节效果

变量名称	壮年劳动力拥有水平			男性劳动力拥有水平		
	(1)	(2)	(3)	(4)	(5)	(6)
$dudt×$低	−0.510*			0.101		
	(0.299)			(0.564)		
$dudt×$中		0.022			−0.515**	
		(0.237)			(0.256)	
$dudt×$高			0.721***			0.626**
			(0.269)			(0.245)
控制变量	已控制	已控制	已控制	已控制	已控制	已控制
个体固定效应	是	是	是	是	是	是
年份固定效应	是	是	是	是	是	是
样本量	10 967	10 967	10 967	10 967	10 967	10 967
R^2	0.571	0.571	0.572	0.571	0.572	0.572

注：壮年劳动力是指年龄位于25～45岁的人，男性劳动力是指男性年龄位于16～64岁的人；***、*、*分别代表在1%、5%、10%的统计水平上显著；括号内数字为标准误。

2. 服务市场发展水平

本书将农业机械化作业服务组织数量作为服务市场发展水平的代理变量，数据取自《中国农业机械工业年鉴》。将农业机械化作业服务组织数量分别除以当年中国服务组织数量得到各省份服务市场发展水平，再将其分为低、中、高三组。同样，通过 PSM 匹配完成后，构建三重交互项进行 DID 回归，估计结果如表7-8所示。提供社会化服务方式的社会投资与服务市场发展水平低的组的交互项系数为0.147，但不显著；与中等水平的组的交互项系数为−0.714，在1%水平上显著；与高水平的组的交互项系数为0.535，且在5%水平下显著。上述结果表明，提供社会化服务方式的社会投资对农户收入的影响会随着服务市场发展水平的提高由负向转为正向。可见，提供社会化服务方式的社会投资可以提高所在地区市场发展水平高的农户的家庭收入。

表 7-8　服务市场发展水平的调节效果

变量名称	(1)	(2)	(3)
$dudt×$低	0.147 (0.200)		
$dudt×$中		−0.714*** (0.249)	
$dudt×$高			0.535** (0.224)
控制变量	已控制	已控制	已控制
个体固定效应	是	是	是
年份固定效应	是	是	是
样本量	10 967	10 967	10 967
R^2	0.572	0.572	0.572

注：***、**、* 分别代表在 1%、5%、10% 的统计水平上显著；括号内数字为标准误。

四、本章小结

工商资本和农民之间存在着不可避免的利益冲突，如果不能将二者的利益有效联结，就会偏离国家和政府顶层设计的轨道。从收入增长和收入分配两方面，利用 CLDS2014、2016 和 2018 三年数据，构建双重差分模型（DID），实证检验租赁土地和提供社会化服务两种方式的社会投资的收入效应。

主要研究结论如下：首先，社会投资主体下乡确实对农户收入产生了显著的影响，但是存在方式上的异质性，具体表现为租赁土地方式显著提高了农户收入水平，而提供社会化服务方式则显著降低了农户收入。其次，在对社会投资对收入分配影响效应的分析中发现，无论是租赁土地方式还是提供社会化服务方式，都更有益于高收入农户群体的收入提高，需警惕由此在农村内部产生的"马太效应"。第三，进一步研究提供社会化服务方式的社会投资导致农民收入降低的原因时，侧重考察了农户家庭劳动力素质和服务市场发展水平的调节效应。结果表明，提供社会化服务方式的社会投资促农增收效果存在情景依赖，即提供社会化服务方式的社会投资显著提高了拥有壮年和男性劳动力数量较多的农户家庭的收入；提供社会化服务方式的社会投资对农户收入的影响会随着服务市场发展水平由负向转为正向。劳动力素质、服务市场发展水平起到了调节作用。因此，应当明确社会投资主体下乡的原则，建立健全社会投资主体下乡的政策支持及公共服务体系，构建社会投资主体与农户之间的利益联结机制，提高农户主体地位，确保农户增收。

第八章

结论与对策建议

一、主要研究结论

本研究从微观和宏观两个层面辨析土地规模经营和服务规模经营的关系，重点分析农户双规模经营方式、农户双规模耦合协调程度对农户收入增长和收入分配的影响，探究影响区域双规模耦合协调发展水平的因素。考虑到除了农户，社会投资主体也在通过租赁土地、供给农业生产性服务方式参与到农业规模经营中，本研究还探讨了社会投资主体进行农业规模经营对农户收入的影响。主要研究结论如下。

第一，农户双规模经营可以有效促进农户家庭总收入水平的提高，且影响程度大于单一规模经营方式。但是需要注意的是，单纯的服务规模经营并没有带来收入的显著提高，当与土地规模经营共同作用时，增收效果得以显现，表明服务规模经营的农户增收效应并非"规模中立"。

第二，农户双规模经营对不同收入水平的农户群体的影响程度存在差异，对低收入农户群体的收入提高的促进作用更明显。且双规模经营的增收效果对于不同劳动力素质农户存在差异。劳动力素质低的农户比劳动力素质高的农户更能从双规模经营中获益。

第三，双规模经营未能显著提高非农就业收入，但是显著提高了农业经营性收入。可见，双规模经营提高农户家庭总收入的路径是提升生产效率，增加农业经营性收入，进而提高农户家庭总收入。

第四，农户的土地规模经营与服务规模经营不是简单的因与果的关系，也不是单向的拉动或推动关系，而是相互作用及影响的耦合关系。核心要素的互补性是农户双规模耦合经营的逻辑起点，而耦合的有效性是农户进行双规模耦合经营的动机。

第五，农户双规模经营的耦合协调程度与农户家庭收入可以视为存在"U"形关系，即二者耦合促农增收存在门槛。耦合协调程度达到门槛值之后，随着土地规模经营和服务规模经营耦合程度的提升，农户家庭收入水平显著提高，表明土地规模经营和服务规模经营在接近或高于高度耦合状态时，才可以优化家庭资源配置，发挥促农增收的效应。

第六，宏观上，我国土地规模经营和服务规模经营发展水平总体上呈现同步上升趋势，且土地规模经营水平高于服务规模经营水平。但近年来服务规模经营发展水平迅速提高，这得益于我国多举措完善土地流转市场及健全农业社会化服务体系。这一特点印证了我国农业规模经营"以土地流转为主要抓手"向"以强化社会化服务为重点"的策略转变。

第七，我国土地规模经营和服务规模经营发展呈现出"高耦合，低协调"的特点，且存在空间分布不均衡的特点，这一定程度上与各地域的资源禀赋有关。整体上，除少数省份外，多数省份耦合协调度的所属等级均实现了不同程度的升级。考虑到各地资源禀赋的差异，应因地制宜制定农业规模经营发展策略。

第八，我国土地规模经营和服务规模经营耦合协调发展水平受到资源禀赋和外部环境的共同影响。固定效应模型估计结果显示，劳动力禀赋因素中的劳动力技能、土地禀赋因素中的机耕面积、外部环境因素中的土地租赁市场和服务市场发展水平均可以显著提高二者的耦合协调发展水平。而资本禀赋因素中的农业贷款则起到了制约作用。

第九，社会投资主体下乡参与农业规模经营确实对农户收入产生了显著的影响，但是存在方式上的异质性，具体表现为租赁土地方式显著提高了农户收入水平，而提供社会化服务方式则显著降低了农户收入。在对社会投资对农民收入分配影响效应的分析中发现，无论是租赁土地还是提供社会化服务方式的社会投资，更有益于高收入农户群体的收入提高，需警惕由此在农村内部产生的"马太效应"。

第十，进一步研究提供社会化服务方式的社会投资导致农民收入降低的原因时，侧重考察了农户家庭劳动力素质和服务市场发展水平的调节效应。结果表明，提供社会化服务方式的社会投资促农增收效果存在情景依赖。提供社会化服务方式的社会投资显著提高了拥有壮年和男性劳动力数量较多的农户家庭的收入，且对农户收入的影响会随着服务市场发展水平由负向转为正向。可见，劳动力素质、服务市场发展水平起到了调节作用。

二、对策建议

第一，土地规模经营与服务规模经营并重，坚持二者耦合协调发展。发展中国农业规模经营，不能单一推进土地规模经营或服务规模经营，应重视土地规模经营和服务规模经营的协调发展。不能因为土地流转中出现的问题而否定土地流转的作用，应该在结合农业生产性服务水平的基础上继续支持土地流转，统筹二者的协调发展工作，实现服务规模经营与土地规模经营的优势互补。需要注意的是，二者的耦合协调发展存在资源禀赋依赖，各地区应因地制宜制定差异化的农业规模经营发展策略。

第二，积极开展职业技能培训，提高农民综合素质。农民自身要主动接纳外来资本为村庄带来的科技、人才等，学习农业生产的科技、管理等知识，促进自身综合素质的提升及农业生产的现代化；服务主体和地方政府应积极开展农民职业技能培训，打造爱农业、有文化、懂技术、善经营、会管理的高素质农民队伍。

第三，加强农业新型经营主体培育，提高小农户的生产组织化程度。促进以农业经营市场为导向，以农产品质量、农机效率和农业市场竞争力为目标的家庭农场、农民合作社和龙头企业等新型经营主体迅速增长，为农业生产经营注入新活力。支持和鼓励农业经营主体之间的联合，注重产前的农资供应服务，产中的生产、技术服务，产后的加工运输和金融服务等，促使同产业同类型农业经营主体组建专业协会、合作社等，发挥集聚效应，提高农业集约化、专业化水平。由于小农户分散而细碎化的服务需求难以支撑农业社会化服务主体的最低服务规模要求，常常导致小农户的服务成本和交易费用较高，应通过建立专业合作社等方式将不参与土地流转的小农户联合起来，增加小农户获取社会化服务的可获取性和经济有效性，促进农户更多地接受农业社会化服务，形成服务型的专业化、集约化和规模化农业生产。

第四，深化农村土地制度改革，提高土地资源配置效率，提升农业的规模化经营水平。首先，要充分发挥村集体经济组织对土地统一调配的功能，保障农村土地集体所有权，在确保农户意愿的前提下，推动土地集中流转。其次，要稳定土地承包权长期不变，稳定农户预期并做好土地承包权延期工作，探索农户土地承包权有偿退出制度，保障农户利益。最后，放活土地经营权，鼓励农民通过经营权入股、流转、抵押等方式参与适度规模经营。

第五，完善土地流转市场和服务市场，规范土地流转和服务外包方式。政府应该建立规范化、程序化的土地流转交易平台，鼓励农户订立稳定的流转合同或协议，并在相应的土地流转平台进行登记备案。同时，应该针对性予以服务市场政策倾斜与引导，让更多未成熟的经营主体获得农机服务的支持，构建和完善服务基础设施和信息平台，减少信息不对称、搜寻和交易成本，推动服务市场趋于完善化经营。

第六，明确社会投资主体下乡的基本原则，确保农民的主体地位。引入社会投资量大、投资链条长、农民参与度高、受益面广的项目，为农民创造更多就业机会，把收益更多留在乡村；明确准入制度、风险防范机制，对社会投资主体租赁土地的期限和面积进行控制，实行土地用途管制，坚决遏制耕地"非农化"、防止"非粮化"；建立企业与村集体、农民之间紧密的利益联结机制，探索多样化的联合与合作，使村集体、农民更多分享二、三产业发展红利。

参 考 文 献

包宗顺，徐志明，高珊，等，2009. 农村土地流转的区域差异与影响因素：以江苏省为例
　　[J]. 中国农村经济（4）：23-30，47.

蔡键，唐忠，朱勇，2017. 要素相对价格、土地资源条件与农户农业机械服务外包需求
　　[J]. 中国农村经济（8）：18-28.

曾博，2018. 乡村振兴视域下工商资本投资农业合作机制研究 [J]. 东岳论丛 39（6）：
　　149-156.

曾福生，2015. 推进土地流转发展农业规模经营的对策 [J]. 湖南社会科学（3）：154-
　　156.

陈超，李寅秋，廖西元，2012. 水稻生产环节外包的生产率效应分析：基于江苏省三县的
　　面板数据 [J]. 中国农村经济（2）：86-96.

陈宏伟，穆月英，2019. 农业生产性服务的农户增收效应研究：基于内生转换模型的实证
　　[J]. 农业现代化研究，40（3）：403-411.

陈江华，罗明忠，2018. 农地确权对水稻劳动密集型生产环节外包的影响：基于农机投资
　　的中介效应 [J]. 广东财经大学学报（4）：98-111.

陈军亚，2019. 韧性小农：历史延续与现代转换：中国小农户的生命力及自主责任机制
　　[J]. 中国社会科学（12）：82-99，201.

陈思羽，李尚蒲，2014. 农户生产环节外包的影响因素：基于威廉姆森分析范式的实证研
　　究 [J]. 南方经济（12）：105-110.

陈昭玖，胡雯，2016. 农地确权、交易装置与农户生产环节外包：基于"斯密-杨格"定
　　理的分工演化逻辑 [J]. 农业经济问题，37（8）：16-24，110.

仇童伟，罗必良，2018. 市场容量、交易密度与农业服务规模决定 [J]. 南方经济（5）：
　　32-47.

仇童伟，彭嫦燕，2023. 农业人口老龄化对农地配置与种粮决策的影响：来自中国家庭金
　　融调查的证据 [J]. 中国农村观察（4）：129-150.

戴国良，2018. 社交电子商务购前分享动机研究 [J]. 中国流通经济（10）：39－47.

邓祥征，黄季焜，Scott Rozelle，2005. 中国耕地变化及其对生物生产力的影响：兼谈中国的粮食安全 [J]. 中国软科学（5）：65－70.

杜鑫，张贵友，2022. 土地流转对农村居民收入分配的影响：基于2020年10省份农户调查数据的实证分析 [J]. 中国农村经济（5）：107－126.

段培，王礼力，陈绳栋，等，2017. 粮食种植户生产环节外包选择行为分析 [J]. 西北农林科技大学学报（社会科学版）（5）：65－72.

冯根福，吴林江，2001. 我国上市公司并购绩效的实证研究 [J]. 经济研究（1）：54－61，68.

高帆，赵祥慧，2021. 我国农地确权如何影响农户收入及其差距变动：基于CHFS数据的实证研究 [J]. 学术研究，436（3）：86－91.

高强，孔祥智，2013. 我国农业社会化服务体系演进轨迹与政策匹配：1978—2013年 [J]. 改革（4）：5－18.

公茂刚，张梅娇，2022. 承包地"三权分置"与农业补贴对农业机械化的影响研究：基于PSM-DID方法的实证分析 [J]. 统计研究（4）：64－79.

龚道广，2000. 农业社会化服务的一般理论及其对农户选择的应用分析 [J]. 中国农村观察（6）：25－34，78.

郭君平，曲颂，夏英，等，2018. 农村土地流转的收入分配效应 [J]. 中国人口资源与环境，28（5）：160－169.

郭小琳，郑淋议，施冠明，等，2021. 农地流转、要素配置与农户生产效率变化 [J]. 中国土地科学，35（12）：54－63.

韩春虹，张德元，2020. 土地托管影响粮食产出的内在机制及效率制约因素 [J]. 农业技术经济（3）：32－41.

韩菡，钟甫宁，2011. 劳动力流出后"剩余土地"流向对于当地农民收入分配的影响 [J]. 中国农村经济（4）：18－25.

韩鹏云，2020. 农业规模经营的实践逻辑及其反思 [J]. 农村经济，450（4）：17－25.

韩旭东，杨慧莲，王若男，等，2020. 土地规模化经营能否促进农业社会化服务获取：基于全国3类农户样本的实证分析 [J]. 农业现代化研究，41（2）：245－254.

何欣，蒋涛，郭良燕，等，2016. 中国农地流转市场的发展与农户流转农地行为研究：基于2013—2015年29省的农户调查数据 [J]. 管理世界（6）：79－89.

贺雪峰，2013. 城乡统筹路径研究：以成都城乡统筹实践调查为基础 [J]. 学习与实践

（2）：74-86，2.

贺振华，2006. 农户兼业及其对农村土地流转的影响：一个分析框架［J］. 上海财经大学学报（2）：72-78.

侯江华，2015. 资本下乡：农民的视角：基于全国 214 个村 3 203 位农户的调查［J］. 华中农业大学学报（社会科学版）（1）：81-87.

胡凌啸，2018. 中国农业规模经营的现实图谱："土地＋服务"的二元规模化［J］. 农业经济问题（11）：20-28.

胡雯，张锦华，陈昭玖，2020. 农地产权、要素配置与农户投资激励："短期化"抑或"长期化"［J］. 财经研究（2）：111-128.

胡新艳，陈文晖，罗必良，2021. 资本下乡如何能够带动农户经营：基于江西省绿能模式的分析［J］. 农业经济问题（1）：69-81.

胡新艳，米薪宇，2020. 产权稳定性对农机服务外包的影响与作用机制［J］. 华中农业大学学报（社会科学版）（3）：63-71，171-172.

胡新艳，王梦婷，吴小立，2018. 要素配置与农业规模经营发展：一个分工维度的考察［J］. 贵州社会科学（11）：149-154.

胡新艳，朱文珏，罗必良，2016. 产权细分、分工深化与农业服务规模经营［J］. 天津社会科学（4）：93-98.

胡祎，张正河，2018. 农机服务对小麦生产技术效率有影响吗？［J］. 中国农村经济（5）：68-83.

黄梦思，孙剑，2016. 复合治理"挤出效应"对农产品营销渠道绩效的影响：以"农业龙头企业＋农户"模式为例［J］. 中国农村经济（4）：17-30，54.

黄宗智，2020. 中国的新型小农经济［M］. 桂林：广西师范大学出版社.

黄祖辉，陈欣欣，1998. 农户粮田规模经营效率：实证分析与若干结论［J］. 农业经济问题（11）：3-8.

纪月清，杨宗耀，方晨亮，等，2021. 从预期到落地：承包地确权如何影响农户土地转出决策？［J］. 中国农村经济（7）：24-43.

冀名峰，李琳，2020. 农业生产托管：农业服务规模经营的主要形式［J］. 农业经济问题（1）：68-75.

冀县卿，钱忠好，葛轶凡，2015. 如何发挥农业补贴促进农户参与农地流转的靶向作用：基于江苏、广西、湖北、黑龙江的调查数据［J］. 农业经济问题（5）：48-55，110-111.

贾根良，2016. 第三次工业革命与工业智能化 ［J］. 中国社会科学（6）：87 - 106，206.

江雪萍，2017. 农户的农业经营：卷入分工经济 ［D］. 广州：华南农业大学.

姜松，曹峥林，刘晗，2016. 农业社会化服务对土地规模经营影响及比较研究-基于 CHIP 微观数据的实证 ［J］. 农业技术经济（11）：4 - 13.

蒋和平，蒋辉，2014. 农业适度规模经营的实现路径研究 ［J］. 农业经济与管理（1）：5 - 11.

靖建新，2009. 论领导者在企业发展中的主导作用：基于领导风格与企业文化协同性的视角 ［J］. 华北水利水电学院学报（社科版）（3）：45 - 47.

康鹏，2014. 辽宁省大学一产业合作创新的耦合性研究 ［D］. 沈阳：辽宁大学.

孔祥智，楼栋，何安华，2012. 建立新型农业社会化服务体系：必要性、模式选择和对策建议 ［J］. 教学与研究（1）：39 - 46.

孔祥智，徐珍源，史冰清，2009. 当前我国农业社会化服务体系的现状、问题和对策研究 ［J］. 江汉论坛（5）：13 - 18.

冷智花，付畅俭，许先普，2015. 家庭收入结构、收入差距与土地流转：基于中国家庭追踪调查（CFPS）数据的微观分析 ［J］. 经济评论（5）：111 - 128.

李成明，孙博文，董志勇，2019. 农户异质性、农地经营权流转与农村收入分配：基于中国家庭追踪调查数据（CFPS）的实证研究 ［J］. 农村经济（8）：26 - 33.

李国珍，张应良，易裕元，2022. 工商资本下乡的福利补偿对农户土地流转意愿的影响 ［J］. 西南大学学报（社会科学版）48（3）：88 - 99.

李虹韦，钟涨宝，2020. 熟人服务：小农户农业生产性服务的优先选择 ［J］. 西北农林科技大学学报（社会科学版）（1）：121 - 127.

李晶晶，刘帅，郭庆海，2022. 农业生产环节外包服务有利于改善农业生产效率吗：基于吉林省样本的分析 ［J］. 农村经济（8）：135 - 144.

李青，韩永辉，2016. "一带一路"区域贸易治理的文化功用：孔子学院证据 ［J］. 改革（12）：95 - 105.

李颖慧，李敬，2019. 农业生产性服务供给渠道的有效性：农户收入和满意度视角：基于西南 4 省市问卷调查数据的实证分析 ［J］. 西部论坛，29（2）：53 - 63.

李颖明，王旭，刘扬，2015. 农业生产性服务对农地经营规模的影响 ［J］. 中国农学通报，398（35）：272 - 280.

李云新，黄科，2018. 资本下乡过程中农户福利变化测度研究：基于阿玛蒂亚·森的可行能力分析框架 ［J］. 当代经济管理，40（7）：40 - 47.

李忠国，2005. 农业规模经营实现形式若干问题的思考［J］. 农村经营管理（11）：22 - 23，48.

李忠旭，庄健，2021. 土地托管对农户家庭经济福利的影响：基于非农就业与农业产出的中介效应［J］. 农业技术经济（1）：20 - 31.

廖洪乐，2012. 农户兼业及其对农地承包经营权流转的影响. 管理世界（5）：62 - 70，87，187 - 188.

林善浪，1999. 中国农村土地制度与效率研究［M］. 北京：经济科学出版社.

林毅夫，2004. 入世与中国粮食安全和农村发展［J］. 农业经济问题（1）：32 - 33，79.

刘凤芹，2003. 中国农业土地经营的规模研究：小块农地经营的案例分析［J］. 财经问题研究（10）：60 - 65.

刘凤芹，2006. 农业土地规模经营的条件与效果研究：以东北农村为例［J］. 管理世界（9）：71 - 79.

刘梦圆，2021. 农村土地规模经营与农业社会化服务发展关系探究［D］. 沈阳：辽宁大学.

刘强，杨万江，2016. 农户行为视角下农业生产性服务对土地规模经营的影响［J］. 中国农业大学学报，21（9）：188 - 197.

刘强，杨万江，孟华兵，2017. 农业生产性服务对我国粮食生产成本效率的影响分析：以水稻产业为例［J］. 农业现代化研究，38（1）：8 - 14.

刘艳，韩红，2008. 农民收入与农地使用权流转的相关性分析［J］. 财经问题研究（4）：12 - 17.

刘燕，韩学平，杜国明，2010. 农村土地规模经营的问题与对策：以黑龙江省为例［J］. 国土资源情报（8）：6 - 9.

刘志忠，张浩然，欧阳慧，2022. 乡村振兴下土地流转的收入分配效应研究：基于农村劳动力就地转移的视角［J］. 学术研究（8）：83 - 91，177.

卢华，胡浩，2015. 土地细碎化增加农业生产成本了吗：来自江苏省的微观调查［J］. 经济评论（5）：129 - 140.

芦千文，高鸣，2019. 农业生产性服务联结机制的演变与创新［J］. 华南农业大学学报（社会科学版）（6）：23 - 34.

陆岐楠，张崇尚，仇焕广，2017. 农业劳动力老龄化、非农劳动力兼业化对农业生产环节外包的影响［J］. 农业经济问题（10）：27 - 34.

吕杰，徐霞，尹冠球，2024. 农户双规模经营如何提高种粮收入？［J］. 干旱区资源与环境，38（2）：96-103.

栾健，韩一军，高颖，2022. 农业生产性服务能否保障农民种粮收益［J］. 农业技术经济
（5）：35-48.

栾江，张玉庆，李登旺，等，2021. 土地经营权流转的农村居民收入分配效应研究：基于
分位数处理效应的异质性估计［J］. 统计研究，38（8）：96-110.

罗必良，2000. 农地经营规模的效率决定［J］. 中国农村观察（5）：18-24，80.

罗必良，2008. 论农业分工的有限性及其政策含义［J］. 贵州社会科学，217（1）：80-
87.

罗必良，2014. 农地流转的市场逻辑："产权强度—禀赋效应—交易装置"的分析线索及
案例研究［J］，南方经济（5）：1-24.

罗必良，2017. 论服务规模经营：从纵向分工到横向分工及连片专业化［J］. 中国农村经
济（11）：2-16.

罗必良，何应龙，汪沙，等，2012. 土地承包经营权：农户退出意愿及其影响因素分析：
基于广东省的农户问卷［J］. 中国农村经济，330（6）：4-19.

罗必良，胡新艳，张露，2021. 为小农户服务：中国现代农业发展的"第三条道路"［J］.
农村经济（1）：1-10.

罗必良，李玉勤，2014. 农业经营制度：制度底线、性质辨识与创新空间：基于"农村家
庭经营制度研讨会"的思考［J］. 农业经济问题，35（1）：8-18.

罗浩轩，2018. 当代中国农业转型"四大争论"的梳理与评述［J］. 农业经济问题（5）：
33-42.

罗明忠，邱海兰，2021. 农机社会化服务采纳、禀赋差异与农村经济相对贫困缓解［J］.
南方经济，377（2）：1-18.

马乾，2021. "三权分置"背景下农村土地流转对农民收入的影响及对策研究［J］. 税务
与经济（6）：69-75.

马贤磊，仇童伟，钱忠好，2015. 农地产权安全性与农地流转市场的农户参与：基于江
苏、湖北、广西、黑龙江四省（区）调查数据的实证分析［J］. 中国农村经济（2）：22-
37.

马歇尔，2007. 经济学原理［M］. 刘生龙，译. 北京：中国社会科学出版社.

冒佩华，徐骥，2015. 农地制度、土地经营权流转与农民收入增长［J］. 管理世界（5）：
63-74，88.

梅付春，马开轩. 2022. 农业适度规模经营路径之争：土地规模还是服务规模［J］. 经济

经纬，39（2）：46-56.

闵师，项诚，赵启然，等，2018. 中国主要农产品生产的机械劳动力替代弹性分析：基于不同弹性估计方法的比较研究［J］. 农业技术经济（4）：4-14.

彭代彦，吴扬杰，2019. 农地集中与农民增收关系的实证检验［J］. 中国农村经济（4）：17-22.

彭新宇，2019. 农业服务规模经营的利益机制：基于产业组织视角的分析［J］. 农业经济问题，477（9）：74-84.

戚迪明，杨肖丽，江金启，等，2015. 生产环节外包对农户土地规模经营的影响分析：基于辽宁省水稻种植户的调查数据［J］. 湖南农业大学学报（社会科学版），16（3）：7-12.

钱忠好，2008. 非农就业是否必然导致农地流转：基于家庭内部分工的理论分析及其对中国农户兼业化的解释［J］. 中国农村经济（10）：13-21.

乔榛，2005. 马克思分工理论：发展马克思主义经济学的一种范式［J］. 经济学家（3）：36-42.

全世文，胡历芳，曾寅初，等，2018. 论中国农村土地的过度资本化［J］. 中国农村经济（7）：2-18.

史常亮，栾江，朱俊峰，等，2017. 土地流转对农户收入增长及收入差距的影响：基于8省农户调查数据的实证分析［J］. 经济评论（5）：152-166.

斯科特，2001. 农民的道义经济学：东南亚的反叛与生存［M］. 程立显，译. 南京：译林出版社.

宋洪远，廖洪乐，2003. 关于西藏产业结构调整与经济发展战略问题的思考［J］. 管理世界（1）：104-114.

苏柯雨，魏滨辉，胡新艳，2020. 农业劳动成本、市场容量与农户农机服务外包行为：以稻农为例［J］. 农村经济（2）：98-105.

孙楚楚，2022. 农村土地规模经营的经济效益及影响因素研究［D］. 济南：山东师范大学.

孙顶强，卢宇桐，田旭，2016. 生产性服务对中国水稻生产技术效率的影响：基于吉、浙、湘、川4省微观调查数据的实证分析［J］. 中国农村经济（8）：70-81.

覃成林，李敏纳，2010. 区域经济空间分异机制研究：一个理论分析模型及其在黄河流域的应用［J］. 地理研究（10）：1780-1792.

唐林，罗小锋，张俊飚，2021. 购买农业机械服务增加了农户收入吗：基于老龄化视角的

检验 [J]. 农业技术经济 (1)：46-60.

田传浩，贾生华，2003. 农地市场对土地使用权配置影响的实证研究：基于苏、浙、鲁1 083 个农户的调查 [J]. 中国农村经济 (10)：24-30.

田凤香，许月明，胡建，2013. 土地适度规模经营的制度性影响因素分析 [J]. 贵州农业科学 (3)：95-97，101.

田鹏，2017. 从种地到经营地：新型城镇化进程中农地经营模式变迁研究：基于江苏省镇江市平昌新城的个案分析 [J]. 华中农业大学学报（社会科学版）(2)：103-108，134-135.

万广华，周章跃，陆迁，2005. 中国农村收入不平等：运用农户数据的回归分解 [J]. 中国农村经济 (5)：4-11.

汪昌云，钟腾，郑华懋，2014. 金融市场化提高了农户信贷获得吗：基于农户调查的实证研究 [J]. 经济研究 (10)：33-45，178.

王静，2021. 提升产业链供应链现代化水平的共融路径研究 [J]. 中南财经政法大学学报 (3)：144-156.

王丽霞，2017. 家庭农场主个人禀赋对政府补贴获取的影响：基于安徽 768 个家庭农场的调查 [J]. 湖南农业大学学报（社会科学版），18 (5)：11-17.

王小龙，何振，2018. 新农合、农户风险承担与收入增长 [J]. 中国农村经济 (7)：79-95.

王永吉，蔡宏伟，夏结来，等，2011. 倾向指数匹配法与 Logistic 回归分析方法对比研究 [J]. 现代预防医学，38 (12)：2217-2219.

王志刚，申红芳，廖西元，2011. 农业规模经营：从生产环节外包开始：以水稻为例 [J]. 中国农村经济 (9)：4-12.

吴超，李强，王会，等，2022. 农地流转对农村内部收入不平等的影响 [J]. 农业现代化研究，43 (2)：261-272.

吴学兵，尚旭东，何蒲明，2021. 有偿抑或无偿：政府补贴、农户分化与农地流转租金 [J]. 经济问题 (12)：59-66.

夏益国，宫春生，2015. 粮食安全视阈下农业适度规模经营与新型职业农民：耦合机制、国际经验与启示 [J]. 农业经济问题 (5)：56-64，111.

肖龙铎，张兵，2017. 土地流转与农户内部收入差距扩大：基于江苏 39 个村 725 户农户的调查分析 [J]. 财经论丛 (9)：10-18.

谢地，李梓旗，2021. "三权分置"背景下农村土地规模经营与服务规模经营协调性研究

[J]. 经济学家 (6)：121-128.

徐珂，2021. 我国电商企业跨国横向并购财务协同效应分析：以阿里巴巴收购 Lazada 为例 [J]. 经济研究导刊 (7)：91-93.

徐旭初，吴彬，2018. 合作社是小农户和现代农业发展有机衔接的理想载体吗？[J]. 中国农村经济 (11)：80-95.

徐勇，邓大才，2006. 社会化小农：解释当今农户的一种视角 [J]. 学术月刊 (7)：5-13.

徐章星，张兵，尹鸿飞，等，2020. 工商资本下乡促进了农地流转吗：来自 CLDS 的经验证据 [J]. 农业现代化研究，41 (1)：144-153.

徐珍源，孔祥智，2010. 转出土地流转期限影响因素实证分析：基于转出农户收益与风险视角 [J]. 农业技术经济，183 (7)：30-40.

徐志刚，谭鑫，郑旭媛，等，2017. 农地流转市场发育对粮食生产的影响与约束条件 [J]. 中国农村经济 (9)：26-43.

许彩华，余劲，2020. "三权分置"背景下土地流转的收入效应分析：基于粮食主产区 3 省 10 县的农户调查 [J]. 华中农业大学学报（社会科学版）(1)：18-27，162.

许庆，尹荣梁，章辉，2011. 规模经济、规模报酬与农业适度规模经营：基于我国粮食生产的实证研究 [J]. 经济研究，46 (3)：59-71，94.

许元章，赵彩平，2020. 苹果种植户生产环节外包行为分析 [J]. 西北园艺（果树）(4)：43-47.

薛亮，2008. 从农业规模经营看中国特色农业现代化道路 [J]. 农业经济问题 (6)：4-9，110.

闫晗，乔均，2020. 农业生产性服务业对粮食生产的影响：基于 2008—2017 年中国省级面板数据的实证研究 [J]. 商业研究 (8)：107-118.

颜华，张琪，王思禹，2022. 农业生产性服务有利于缓解农户收入差距吗：基于 CLDS 数据的实证分析 [J]. 金融与经济 (8)：38-47.

杨成林，2015. 中国式家庭农场：内涵、意义及变革依据 [J]. 政治经济学评论，6 (2)：66-80.

杨大伟，杨翠迎，孙月，2003. 农机跨区作业：加速我国农机化进程的战略选择 [J]. 农机化研究 (2)：20-22.

杨国玉，郝秀英，2005. 关于农业规模经营的理论思考 [J]. 经济问题 (12)：42-45.

杨华，2015. 中国农村的"半工半耕"结构 [J]. 农业经济问题，36 (9)：19-32.

杨杰，2010. 中国生产性服务业与农业效率提升的关系研究：基于 Malmquist 指数中国省际面板数据的实证分析 [J]. 山东经济 (5)：29 - 34.

杨书敏，2021. 探究企业并购协同效应 [J]. 上海商业 (11)：176 - 177.

杨印生，郭鸿鹏，谢鹏扬，2004. 农机作业委托对我国农业机械化发展的影响 [J]. 农业机械学报 (3)：193 - 19.

杨震宇，陈风波，张日新，2022. 非农就业与农业外包服务行为：对"替代效应"与"收入效应"的再考察 [J]. 农业技术经济 (3)：84 - 99.

杨志海，2019. 生产环节外包改善了农户福利吗：来自长江流域水稻种植农户的证据 [J]. 中国农村经济 (4)：73 - 91.

杨子，张建，诸培新，2019. 农业社会化服务能推动小农对接农业现代化吗：基于技术效率视角 [J]. 农业技术经济，293 (9)：16 - 26.

姚洋，2000. 中国农地制度：一个分析框架 [J]. 中国社会科学 (2)：54 - 65，206.

叶剑平，蒋妍，丰雷，2006. 中国农村土地流转市场的调查研究：基于 2005 年 17 省调查的分析和建议 [J]. 中国农村观察 (4)：48 - 55.

叶兴庆，翁凝，2018. 拖延了半个世纪的农地集中：日本小农生产向规模经营转变的艰难历程及启示 [J]. 中国农村经济 (1)：124 - 137.

于爱华，吴松，王琳，等，2021. 农业劳动力女性化对粮食生产的影响研究：基于土地流转及外包服务市场发育的视角 [J]. 中国农业资源与区划，42 (5)：51 - 59.

俞海，黄季焜，Scott Rozelle，等，2003. 地权稳定性、土地流转与农地资源持续利用 [J]. 经济研究 (9)：82 - 91，95.

詹湘东，2011. 知识管理与企业技术创新协同关系研究 [J]. 技术经济与管理研究 (11)：42 - 45.

张成玉，2013. 农村土地流转中意愿价格问题研究：以河南省为例 [J]. 农业技术经济 (12)：64 - 72.

张荐华，高军，2019. 发展农业生产性服务业会缩小城乡居民收入差距吗：基于空间溢出和门槛特征的实证检验 [J]. 西部论坛，29 (1)：45 - 54.

张璟，程郁，郑风田，2016. 市场化进程中农户兼业对其土地转出选择的影响研究 [J]. 中国软科学 (3)：1 - 12.

张兰，冯淑怡，曲福田，2014. 农地流转区域差异及其成因分析：以江苏省为例 [J]. 中国土地科学 (5)：73 - 80.

张露，罗必良，2018. 小农生产如何融入现代农业发展轨道：来自中国小麦主产区的经验证据［J］. 经济研究，3（12）：144-160.

张露，罗必良，2021. 规模经济抑或分工经济：来自农业家庭经营绩效的证据［J］. 农业技术经济（2）：4-17.

张敏，2023. 协同视域下高校劳动教育思政功能的实践方略［J］. 高校教育管理，17（2）：44-51.

张强强，闫贝贝，霍学喜，等，2019. 苹果种植户生产环节外包行为研究：基于 Heckman 样本选择模型的实证分析［J］. 干旱区资源与环境（1）：72-76.

张瑞娟，陈元春，丁志超，2019. 土地规模经营的模式、经验及启示：皖省蒙城例证［J］. 重庆社会科学（9）：6-16.

张瑞娟，高鸣，2018. 新技术采纳行为与技术效率差异：基于小农户与种粮大户的比较［J］. 中国农村经济（5），84-97.

张应良，欧阳鑫，2020. 农户借贷对土地规模经营的影响及其差异：基于土地转入视角的分析［J］. 湖南农业大学学报（社会科学版），21（5）：18-27.

章丹，徐志刚，刘家成，2022. 外包与流转：作业服务规模化是否延缓农地经营规模化：基于要素约束缓解与地租上涨的视角［J］. 中国农村观察（2）：19-38.

赵勇，白永秀，2009. 知识溢出：一个文献综述［J］. 经济研究，44（1）：144-156.

郑杭生，吴力子，2004. "农民"理论与政策体系急需重构：定县再调查告诉我们什么？［J］. 中国人民大学学报（5），46-58.

郑旭媛，林庆林，周凌晨诺，2022. 中国农业"双规模"经营方式创新、绩效及其外溢效应分析［J］. 中国农村经济，451（7）：103-123.

钟涨宝，聂建亮，2010. 论农地适度规模经营的实现［J］. 农村经济（5）：33-36.

钟真，胡珺祎，曹世祥，2020. 土地流转与社会化服务："路线竞争"还是"相得益彰"：基于山东临沂 12 个村的案例分析［J］. 中国农村经济（10）：52-70.

钟真，施臻镝，曹世祥，2021. 小农户农业生产环节外包的主观意愿与客观程度的差异研究［J］. 华中农业大学学报（社会科学版）（1）：81-89，177.

周大森，时朋飞，耿飚，等，2021. 科技型小微企业协同创新路径研究：基于战略联盟视角［J］. 资源开发与市场，37（10）：1200-1208.

周力，沈坤荣，2022. 中国农村土地制度改革的农户增收效应：来自"三权分置"的经验证据［J］. 经济研究，57（5）：141-157.

周振，涂圣伟，张义博，2019. 工商资本参与乡村振兴的趋势、障碍与对策：基于 8 省 14 县的调研［J］. 宏观经济管理（3）：58-65.

周振，张琛，彭超，等，2016. 农业机械化与农民收入：来自农机具购置补贴政策的证据 [J]. 中国农村经济（2）：68 - 82.

朱建军，杨兴龙，2019. 新一轮农地确权对农地流转数量与质量的影响研究：基于中国农村家庭追踪调查（CRHPS）数据 [J]. 农业技术经济（3）：63 - 74.

Adamopoulos T，Restuccia D，2004. The size distribution of farms and international productivity differences [J]. American Economic Review，104（6）：1667 - 1697.

Ansoff H I. The firm of thefuture [J]. Harvard Business Review，43（5）：162 - 178.

Baiyegunhi L J S，Majokweni Z P，Ferrer S R D，2019. Impact of outsourced agricultural extension program on smallholder farmers' net farm income in Msinga，KwaZulu - Natal，South Africa [J]. Technology in Society（57）：1 - 7.

Benin S，2015. Impact of Ghana's agricultural mechanization services center program [J]. Agricultural economics，46（1）：103 - 117.

Bourguignon F，2004. The poverty - growth - inequality triangle [R]. working paper.

Cattaneo M D，2010. Efficient semiparametric estimation of multi - valued treatment effects under ignorability [J]. Journal of Econometrics，155（2）：138 - 154.

Chari A，Liu E M，Wang S Y，et al.，2021. Property rights，land misallocation，and agricultural efficiency in China [J]. The Review of Economic Studies，88（4）：1831 - 1862.

Che Y，Mismatch，2014. Land reallocations，recovery land rental and land rental market development in rural China [J]. China Agricultural Economic Review，6（2）：229 - 247.

Cheng W，Xu Y，Zhou N，et al.，2019. How did land titling affect China's rural land rental market? Size，composition and efficiency [J]. Land Use Policy（82）：609 - 619.

Dahlman C J，1979. The problem of externality [J]. The journal of law and economics，22（1）：141 - 162.

Deininger K，Ali D A，Alemu T，2011. Impacts of Land Certification on Tenure Security，Investment and Land Market Participation：Evidence fromEthiopia [J]. Land Economics（2）：312 - 334.

Deininger K，Byerlee D，2012. The rise of large farms in land abundant countries：do they have a future? [J]. World（40）：701 - 714.

Deininger K，Jin S，2005. The Potential of Land Rental Markets in the Process of Economic Development：Evidence from China [J]. Journal of Development Economics，78（1）：

241 – 270.

Dib J B, Krishna V V, Alamsyah Z, et al., 2018. Land – use change and livelihoods of non – farm households: The role of income from employment in oil palm and rubber in rural Indonesia [J]. Land use policy (76): 828 – 838.

Emmanuel D, Owusu – Sekyere E, Owusu V, et al., 2016. Impact of agricultural extension service on adoption of chemical fertilizer: Implications for rice productivity and development in Ghana [J]. NJAS: wageningen journal of life sciences, 79 (1): 41 – 49.

Federico G, 2005. Not guilty? Agriculture in the 1920s and the Great Depression [J]. The Journal of Economic History, 65 (4): 949 – 976.

Fei R, Lin Z, Chunga J, 2021. How land transfer affects agricultural land use efficiency: Evidence from China's agricultural sector [J]. Land Use Policy (103): 105300.

Foster A D, Rosenzweig M R, 2022. Are There Too Many Farms in the World? Labor Market Transaction Costs, Machine Capacities, and Optimal FarmSize [J]. Journal of Political Economy, 130 (3): 636 – 680.

Freedman D. A, Vaudrin N, Schneider C, et al., 2016. Systematic Review of Factors Influencing Farmers 'Market Use Overall and among Low – Income Populations [J]. Journal of the Academy of Nutrition and Dietetics, 116 (7): 1136 – 1155.

Gillespie J, Nehring R, Sandretto C, et al., 2010. Forage outsourcing in the dairy sector: The extent of use and impact on farmprofitability [J]. Agricultural and Resource Economics Review, 39 (3): 399 – 414.

Guardabascio B, Ventura M, 2014. Estimating the dose – response function through a generalized linear model approach [J]. The Stata Journal, 14 (1): 141 – 158.

Hirano K, Imbens G W, 2004. The propensity score with continuous treatments [J]. Applied Bayesian modeling and causal inference from incomplete – data perspectives (226164): 73 – 84.

Huang J, Gao L, Rozelle S, 2012. The effect of off – farm employment on the decisions of households to rent out and rent in cultivated land in China [J]. China Agricultural Economic Review, 4 (1): 5 – 17.

Imbens G W, 2000. The role of the propensity score in estimating dose – response functions [J]. Biometrika, 87 (3): 706 – 710.

Ito J, Bao Z, Ni J, 2016. Land rental development via institutional innovation in rural Jiangsu, China [J]. Food Policy (59): 1 - 11.

Ji C, Guo H, Jin S, Yang J, 2017. Outs ourcing agricultural production: Evidence from rice farmers in Zhejiang Province [J]. PloS one, 12 (1): e0170861.

Johnston J, 1961. An econometric study of the production decision [J]. The Quarterly Journal of Economics, 75 (2): 234 - 261.

Kagin J, Taylor J E, Yúnez - Naude A, 2016. Inverse productivity or inverse efficiency? Evidence from Mexico [J]. The Journal of Development Studies, 52 (3): 396 - 411.

Kakwani N C, 1980. Income inequality and poverty [R]. New York: World Bank.

Kung J and Y Bai, 2011. Induced institutional change or transaction costs? The economic logic of land reallocations in Chinese agriculture [J]. Journal of Development Studies, 47 (10): 1510 - 1528.

Kung J K, 2000. Common property rights and land reallocations in rural China: Evidence from a village survey [J]. World Development, 28 (4): 701 - 719.

Li J, Rodriguez D, TangX, 2017. Effects of land lease policy on changes in land use, mechanization and agricultural pollution [J]. Land Use Policy (64): 405 - 413.

Li X, Liu J, HuoX, 2021. Impacts of tenure security and market - oriented allocation of farmland on agricultural productivity: Evidence from China's apple growers [J]. Land Use Policy (102): 105233.

Liu Y, Heerink N, Li F, et al. , 2022. Do agricultural machinery services promote village farmland rental markets? Theory and evidence from a case study in the North Chinaplain [J]. Land Use Policy, 122: 106388.

Liu Y, Wang Y, 2019. Rural land engineering and poverty alleviation: Lessons from typical regions in China [J]. Journal of Geographical Sciences, 29 (5): 643 - 657.

Luo B, 2018. 40 - year reform of farmland institution in China: target, effort and the future [J]. China Agricultural Economic Review, 10 (1): 16 - 35.

Lyne M C, Jonas N, Ortmann G F, 2018. A quantitative assessment of an outsourced agricultural extension service in the Umzimkhulu District of KwaZulu - Natal, SouthAfrica [J]. The Journal of Agricultural Education and Extension, 24 (1): 51 - 64.

Ma W, Renwick A, Grafton Q, 2018. Farm machinery use, off - farm employment and farm performance in China [J]. Australian Journal of Agricultural and Resource Economics, 62 (2): 279 - 298.

Ma W，Zhu Z，Zhou X，2022. Agricultural mechanization and cropland abandonment in rural China [J]. Applied Economics Letters，29 (6)：526 - 533.

Ma X，Heerink N，Feng S，et al. ，2017. Land tenure security and technical efficiency：new insights from a case study in Northwest China [J]. Environment and Development Economics，22 (3)：305 - 327.

Muyanga M，Jayne T S，2019. Revisiting the Farm Size - Productivity Relationship Based on a Relatively Wide Range of Farm Sizes：Evidence from Kenya [J]. American Journal of Agricultural Economics，101 (4)：1140 - 1163.

Obidzinski K，Dermawan A，Hadianto A，2014. Oil palm plantation investments in Indonesia's forest frontiers：limited economic multipliers and uncertain benefits for local communities [J]. Environment，Development and Sustainability，16 (6)：1177 - 1196.

Otsuka K，Hayami Y，1988. Theories of share tenancy：A criticalsurvey [J]. Economic Development and Cultural Change，37 (1)：31 - 68.

Otsuka K，Yamano T，2006. Introduction to the special issue on the role of nonfarm income in poverty reduction：evidence from Asia and East Africa [J]. Agricultural Economics，35：393 - 397.

Qian L，Lu H，Gao Q，Lu H. 2022. Household - owned farm machinery vs. outsourced machinery services：The impact of agricultural mechanization on the land leasing behavior of relatively large - scale farmers in China [J]. Land Use Policy (115)：106008.

Qiao Y K，Peng F L，Wang Y，2017. Monetary valuation of urban underground space：A critical issue for the decision - making of urban underground space development [J]. Land use policy (69)：12 - 24.

Qing Y，Chen M，Sheng Y，et al. ，2019. Mechanization services，farm productivity and institutional innovation in China [J]. China Agricultural Economic Review，11 (3)：536 - 554.

Ragasa C，Mazunda J，2018. The impact of agricultural extension services in the context of a heavily subsidized input system：The case ofMalawi [J]. World Development (105)：25 - 47.

Regan P M，2005. Caught in the Cross - fire：Revolutions，Repression，and the Rational-Peasant [J]. Journal of Peace Research，42 (3)：362 - 362.

Ren C，Zhou X，Wang C，et al. ，2023. Ageing threatens sustainability of smallholder farming inChina [J]. Nature, 616: 96 – 103.

Rogers S, Wilmsen B, Han X, et al. , 2021. Scaling up agriculture? The dynamics of land transfer in inland China [J]. World Development (146): 105563.

Sartorius K, Kirsten J, 2005. The boundaries of the firm: why do sugar producers outsource sugarcane production? [J]. Management Accounting Research, 16 (1): 81 – 99.

Sheng Y, Ding J, Huang J, 2019. The relationship between farm size and productivity in agriculture: Evidence from maize production in Northern China [J]. American Journal of Agricultural Economics, 101 (3): 790 – 806.

Sheng Y, Zhao S, Nossal K, et al. , 2015. Productivity and farm size in A ustralian agriculture: reinvestigating the returns toscale [J]. Australian Journal of Agricultural and Resource Economics, 59 (1): 16 – 38.

Smith A, 1776. Of the division of labour [J]. Classics of organization theory (1776): 40 – 45.

Takeshima H, 2017. Custom – hired tractor services and returns to scale in smallholder agriculture: a production function approach [J]. Agricultural Economics, 48 (3): 363 – 372.

Tan S, 2008. Impacts of Cultivated Land Conversion on Environmental Sustainability and Grain Self – sufficiency in China [J]. China and World Economy, 16 (3): 75 – 92.

Tang L, Liu Q, Yang W, et al. , 2018. Do agricultural services contribute to cost saving? Evidence from Chinese ricefarmers [J]. China Agricultural Economic Review, 10 (2): 323 – 337.

Todaro M P, 1989. Economic Development in thethird [J]. World.

Verkaart S, Munyua B G, Mausch K, et al. , 2017. Welfare impacts of improved chickpea adoption: a pathway for rural development in Ethiopia? [J]. Food policy (66): 50 – 61.

Von Braun J, 2009. Addressing the food crisis: governance, market functioning, and investment in public goods [J]. Food Security, 1 (1): 9 – 15.

Wang X, Yamauchi F, Huang J, et al. , 2020. What constrains mechanization in Chinese agriculture? Role of farm size andfragmentation [J]. China Economic Review (62): 101221.

Wang X, Yamauchi F, Otsuka K, et al. , 2016. Wage growth, landholding, and mechanization in Chinese agriculture [J]. World development (86): 30 – 45.

Xu Y，Xin J，Li X B，et al.，2019. Exploring a Moderate Operation Scale in China's Grain Production：A Perspective on the Costs of Machinery Services J [J]. Sustainability，11 (8)：2213 – 2230.

Yin G，Xu X，Piao H & Lyu J，2024. The synergy effect of agricultural dual – scale management on farmers' income：evidence from rural China [J]. China Agricultural Economic Review.

Yin G，You Y，Han X & Chen D，2024. The effect of agricultural scale management on farmers' income from a dual – scale perspective：Evidence from rural China [J]. International Review of Economics & Finance，94：103372.

Young A A，1928. Increasing Returns and Economic Progress [J]. The economic journal (152)：527 – 542.

Zhang L，et al.，2018. How do land rental markets affect household income? Evidence from rural Jiangsu，PRChina [J]. Land Use Policy (74)：151 – 165.

Zhang Q F，2008. Retreat from equality or advance towards efficiency? Land markets and inequality in ruralZhejiang [J]. The China Quarterly (195)：535 – 557.